窥探:穿透人性迷雾的认知跃迁

王译葶◎编著

中国出版集团有限公司
China Publishing Group Co., Ltd.

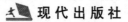
现代出版社

图书在版编目（CIP）数据

窥探：穿透人性迷雾的认知跃迁 / 王译葶编著.
北京：现代出版社，2025. 6. -- ISBN 978-7-5231
-1536-7
　Ⅰ. B84
中国国家版本馆CIP数据核字第2025HG9390号

窥探：穿透人性迷雾的认知跃迁
KUITAN: CHUANTOURENXINGMIWUDERENZHIYUEQIAN

著　　者　王译葶

责任编辑　窦艳秋
责任印制　贾子珍
出版发行　现代出版社
地　　址　北京市安定门外安华里504号
邮政编码　100011
电　　话　(010) 64267325
传　　真　(010) 64245264
网　　址　www.1980xd.com
印　　刷　北京一鑫印务有限责任公司
开　　本　690mm×960mm　1/16
印　　张　10
字　　数　126千字
版　　次　2025年6月第1版　2025年6月第1次印刷
书　　号　ISBN 978-7-5231-1536-7
定　　价　59.00元

会说话，这就需要掌握说场面话的技巧。

"场面话"，简而言之，就是让人听了能够高兴的话。可以说场面话不仅仅是人与人之间一种良好的沟通方式，更是人们社会生活的必备技能之一。或许有些人觉得场面话是"虚伪""造作""欺骗"的代名词，认为做人实事求是即可，不必说一些冠冕堂皇的话装点门面。然而，这样的想法未免失之偏颇，同时也将场面话狭隘化。

"场面话"并非心口不一的过分夸奖，也不是敷衍了事的客气寒暄，而是"人情社会"的一种必要技能。生活中，我们经常发现有些人进入新环境，很快就能够融入，成为人人喜欢的"香饽饽"；而另外一些人却经常在人际交往中受挫，同样努力办事，却处处说话"踩雷"，遭人嫌弃。这就是不会说场面话造成的后果。

现代人际关系学研究中，曾有这样一种观点：当今社会，一个人能够获得成功，仅有一小部分由专业知识决定，而大部分则取决于这个人说话的艺术。现实中很多人也并非缺少获得更多人喜欢的能力，而仅仅败在口才不过关，说不好场面话上面。"会干活的，干不过会做PPT的"成为职场乃至生活中的笑谈。

那么，在"人情世故"至关重要的中国式社交这种环境中，对于曾经在人际交往中因为说不好场面话而屡屡碰壁的人来说，如何才能练就左右逢源的本领，说出得体的场面话呢？

如何才能透过这些看似普通的话语，揣度出人心的真实想法呢？这就需要我们掌握一些揣度人心的方法和技巧。通过这些方法和技巧，我们能够更加敏锐地捕捉到他人话语背后的真实情感和想法，从而更好地理解他人，避免因为误解而产生不必要的矛盾和冲突。同时，揣度人心也是一个不断学习和实践的过程，需要我们在日常生活中多观察、多思考，不断积累经验，才能逐渐提高自己的洞察力和判断力。

本书为你提供了一系列实用的技巧和方法，帮助你提升自己的社交能力和洞察力。在学习如何说场面话方面，你将掌握不同场合下的说话技巧，学会如何根据对方的身份、性格和情绪，灵活调整自己的语言表达方式，让自己的话语更加得体、恰当，既能表达自己的意思，又能照顾到他人的感受。

现在，就让我们一起翻开这本书，踏上这场充满挑战与惊喜的探索之旅吧！

目/录
CONTENTS

第六章　不做职场"边缘人"，有效对话为你的事业加分

第七章　会议桌上讲方法，迂回变通有效果

第一章

初次见面，
言谈决定你的印象“标签”

　　言行举止，是人际交往中我们判断一个人是否值
得结交的关键。“言”放在首位，体现的是语言沟通
在社交中的重要价值。

　　中国式人际交往中，语言沟通是传情表意的工
具，也是人际交往的手段。“一句话能把人说跳，一
句话也能把人说笑。”而究竟是“跳”还是“笑”，
很多时候靠的就是第一印象，说话要做到心中有数，
才能在社交中“说”出游刃有余。

得体称呼，给沟通开个好头

中国作为礼仪之邦，在沟通方面自古就有深厚的文化基础。首次见面问"贵姓"，为表尊敬说"久仰"，这些沿用至今的开场语，往浅处说是常识、学问，往深处说就是规矩、礼仪。

在繁杂的社会生活交际网中，能否在言谈间给人留下好印象，决定着你和他人关系的发展。

俗话说，万事开头难，如何与陌生人或不太熟悉的人打招呼，已经成为很多人沟通的头号难题。学会选择恰当的称呼，才能给你的沟通开个好头。

生活中，经常要和陌生人打招呼。很多情况下，我们都不知道对方姓名，无法准确称呼，那么"您""请问""打扰一下""您好""见到您很高兴"这类礼貌用语，可以成为你的敲门砖，帮助你迅速找到沟通的入口，开始接下来的对话。

顾先生是一家广告公司的销售经理，平时特别受人欢迎，走到哪里都能很快交到朋友，连他在公司带领的销售小组，也因为顾先生的好人缘，经常业绩领先。一次公司会议上，大家让他传授一下初次见甲方的沟通技巧，顾先生给同事们分享了他的沟通之道：

"和甲方沟通时，热情、尊重总是我在说话时最先传达的信号，毕竟'伸手不打笑脸人'，态度主动、热情，表情自然、大方，能够给对方留下良好第一印象。另外，在对接时，问候分清主次，找准能'做主'的关键人物，在面对多个谈话对象时，一般以先上后下、先长后幼、由近及远的顺序，让对方感受到被尊重，后面的谈话才能顺利开展。"

除了初次见面称呼他人的基本小妙招外，顾先生还强调，和人打招呼时学会用语言抬举人，也是得到好人缘和好业绩的不二法宝。

"逢人减岁，遇物加钱"，这是老祖宗留给我们的处世智慧。例如，在对女性的年龄和婚姻状况不确定时，称对方"女士""美女"，要比叫她"太太""大姐"更容易获得对方好感，更容易拉近彼此间的距离。

另外，工作中我们也经常需要与各方面对接，要想避免称呼错误的尴尬，

美女，你还不到 30 岁吧！

哪呀，我都 35 岁了。

则可以从工作岗位、上下级关系等不同角度选择恰当的称呼。

由于工作场景与日常生活场景的差异性，无论是工作对接还是日常寒暄，选择更为正式、规范的称呼，是开启职场良好沟通的关键。

小王作为一名初入职场的实习生，就曾经因为在工作中胡乱称呼人，造成过很多次"社死"尴尬场面，还好人事部同事细心地告诉小王"职场生存发展"第一课，才让小王学会了这些初次见面打招呼的大学问。

第一，面对不同工作岗位，称呼以敬为先。对工作交往对象的称呼一要体现敬意，二要体现彼此身份，比如，与有职称的人交流，可以用"姓＋职称"的方式，如"陈工（程师）""王教授""李博士"，或者对有职务的同事，采用"姓＋职务"的称呼，如"李总（经理／总监）""沈董（事长）"，让对方感受到你的尊敬与认同。

第二，面对上下级关系，称呼以尊重和拉近距离为先。对待上级除了可

以选择以上"姓 + 职务"的称呼外，还可以选择"领导"这一较为通用的称呼。而面对下级沟通时，见面打招呼最好可以称呼其姓名，让其感受到被关注和重视，如不知道姓名，则可称呼"职位 + 老师"，如"设计老师""文案老师"，让对方感受到你的尊重。

这些职场称呼小妙招，拯救了初入职场的小王，相信也能帮助很多职场"萌新"，学会恰当地称呼他人。

不同于工作场景，日常生活中与人交流、攀谈，则需要选择一些更容易拉近彼此距离的称呼，才能让接下来的沟通水到渠成。

我们在生活中称呼人的方式各有不同，区别场合、入乡随俗，则更能减少日常交际中不必要的尴尬。

比如，工作中可以用"先生""女士"等较为正式的称呼，生活中最好选用更为亲昵客气的称呼，如"阿姨""叔叔""小姐姐"之类。而不同地区也存在称呼习惯上的差异，要注意尊重当地文化习俗，比如在北方，"师傅"属于尊称，而南方人则更多认为是对出家人的称呼。

遇到农民，可以用"老乡""大伯""大娘""大姐""兄弟"等具有亲切感的称呼；遇到年轻人，则可以使用"帅哥""美女"等这类具有夸奖性质的通用称呼，或者"同学"这种既能体现对方年轻，又能体现其文化学识的称呼，正逐渐受到年轻人喜欢。

总之，恰当得体的称呼，能让社交事半功倍，给对方留下良好的第一印象，让我们迅速成为一个受欢迎的人。

诚挚问候，敲开亲切对话的门

　　初次见面的问候，总是能让对方记忆深刻。我们能够发现一些人灵巧嘴甜，很容易让谈话者觉得如沐春风，而另外一些人则过于腼腆，与人攀谈中总是

不够顺畅。这些"社恐"人士与陌生人对话时，一来不知道如何起"话头"，交谈中经常遇到冷场；二来也容易因为在与他人初次见面中过于热情而显得刻意，让对方感觉谈话尴尬或存有戒心。

其实这样的"社恐"并不是个别现象，很多人心中都有初见说场面话打怵的情况。如何利用恰当的问候给对方舒适的谈话体验，利用诚挚的问候敲开亲切对话的大门，就成为我们初次交往成败的关键。能言善道固然能吸引目光，但诚恳而亲切的对话也能够拉近彼此之间的距离，所谓攀亲带故好说话，这是古人就教过我们的道理。

很多人都知道第一次见面谈话中表现出敬重和仰慕，更容易让人有好感。但是如果掌握不好分寸，很容易弄巧成拙，让对方有胡乱吹捧之感，也容易给对方落下虚伪和不真诚的坏印象。而让谈话中的这份敬重和仰慕更真诚，关键则在"因地制宜、因人而异"这八个字。

交往中，"久仰大名""如雷贯耳"这种场面话很多，但听多了就难免

让人觉得过头，这时候如果你能够吹捧到"点子"上，则能更好地给人留下真诚、亲切的印象。

王露身为记者经常要采访各式各样的人，与人打交道可以说是王露的重要工作之一。每次采访一些德高望重的人，王露经常会选用这样的开场白："您老人家好啊，听说今天能来采访您，我特别高兴，您的大作《×××》，我学生时代就反复读过好多次，特别精彩，今天总算能一睹作者的风采了！"

这样一句简单的问候，既能让对方感受到被关注和被尊重，又不会过分热情虚伪，甚至带点儿"粉丝滤镜"的可爱感，自然很容易拉近谈话双方的距离，给初次见面奠定良好的基础。

也许我们遇见的陌生人，并不如王记者采访的对象一样具有德高望重的社会地位，但即使是面对普通人，也可以用"最近天气这么干燥，您这皮肤保养得还这么好呀"这种细节处的问候和赞美开启话题。这样用心说出的问候，很容易在千篇一律的"您好""久仰"之中开出一条路，"秒杀"全场，营造亲切对话的好气氛。

赞美点睛，陌生到熟悉的破冰

　　人际交往中，人们都希望获得他人的赞美，而赞美究竟是什么呢？

　　其实是赞美发自内心地对于自身所支持的事物表示肯定的一种表达。

你今天穿的裙子也很好看，眼光真好，我媳妇也有一条一样的。

"发自内心"和"肯定"是赞美的关键词。其实在早期心理学研究中，威利·詹姆斯就曾经表示："在人类天性中，最深层的本质是渴望得到别人的重视。"而人际关系中我们对赞美的期待，其实是一种对被关注和被重视的期待。

所以，在社会交往中，有效的场面话需要给予谈话者更多"被赞美""被重视"的感觉，让人心花怒放地接受是场面话的第一要务，有用的场面话，不但自己要说得真诚，更要让对方内心受用。尤其对很多初来乍到的新人，言贵于精，说得让对方受用，才是有效场面话。

在社交中，赞美人的场面话有很多种，我们并不需要以量取胜，把场面话说到别人心坎里，用点睛式赞美，自然而然地拉近彼此间的距离，让对方感受到关注和信任，才是上上之选。

几句场面话把对陌生人的赞美夸到点子上，你和他之间对话的鸿沟自然缩减，从陌生到熟悉，也不再是难事儿。

投其所好，搭建沟通的桥梁

　　高明的人说话前都会先快速了解一番谈话者，再投其所好地开展对话。这样，在交谈时，就能营造出更好的谈话气氛。那么，如何在言谈间投其所好呢？学会倾听，从对方说的话里判断其心理活动，就能从中找到突破口。就像古典名著《红楼梦》中告诉我们的，静默观察、主动出击，方为上策。

　　《红楼梦》中袭人在一众丫鬟中独受王夫人青睐，和她每每在关键时刻

能够读懂王夫人的顾虑，投其所好地说好话大有关系。

社交中，人们的情绪、想法，很多时候就暗藏在每个细节动作和微表情中。而面对不熟悉的人，很多时候人们无法真实地表达自己的想法。这时候，如果你能够做那朵"解语花"，迅速把握对方思想，顺其思路，运用合适的言辞激发对方表达的情绪和意愿，自然能让谈话氛围其乐融融。

有心理学研究表明，人在愉快的谈话氛围中，更容易产生包容心及同理心，会更愿意接受对方的观点，并和对方继续交谈下去。这种愉快氛围下，即使对方意见不同，也能够在和谐的聊天氛围中做到求同存异。而投其所好的场面话，正是搭建这种愉悦聊天氛围的关键。

每个人都希望自己成为一个"会说话的人"，而善用语言的力量，让对方获得谈话好心情，往往就是我们获得惊喜和机会的开始。

一句走心话，胜过十句表面恭维

赞美和恭维就像语言里的一对孪生兄弟，它们有共同的目的性，能够让听者如沐春风，感到身心愉悦，同时也能让说话者收获对方的好感。

曾经有这样一种说法："赞扬能使羸弱的躯体变得强壮，能给恐惧的内心以平静和信赖，能让受伤的神经得到休息和力量，能给身处逆境的人以务求成功的决心。"可见人际交往中，赞美的语言能够给人带来多么无穷的能量和信心。

但是在"夸夸互助小组"都变成社交打卡日常的今天，很多人每天打开手机就能轻易听到各种赞美和夸奖的话，你在社交中使用的赞美话，是否已经开始黯然失色了呢？

要记住，赞美的价值不在于"锦上添花"，而在于"雪中送炭"。当人们已经听腻了那些表面的恭维话，你的一句走心之言，也许是杀出重围，赢得对方好印象的必杀技。

其实，恭维和赞美这种社交手段，早在古代就已经被各位前辈驾驭得炉火纯青了。清末时期，合肥知县送给重臣李鸿章的一副寿联，就让我们看到"夸的多不如夸的巧"的道理。

一副寿联送的不是早已世人皆知的恭维与赞美，而是李鸿章内心最需要的比肩"两宫"的殊荣。这种走心的赞美与其他人千篇一律的寿礼相比，高下立见，短短一句，说到听者心坎儿上。生活中不妨也学学这位知县夸人的本事，让你的场面话更有"分量"。

其实，用心观察，我们可以发现，人际交往中左右逢源的人，一般都不吝于赞美他人，最重要的是，即使在初次见面时，他们的赞美也经常显得别具一格，而不会沦为简单的吹牛拍马。

顾总作为职场精英，自有一套特别的社交手段。每次见到不同的客户，他都会适当选择恭维对方的话，遇到年轻客户，就会夸对方"年轻有为、魄力非凡"，并对其最近的具体作为进行一番夸奖，证明所夸"年轻有为"不是虚言；遇到中年客户，就会夸对方"经验丰富、见多识广"，"这次的XX项目，找您合作，就是看中您在行业中的影响力和见识"。

这些看似简单的恭维，实则句句夸在实在处、夸到对方得意处的话语，让顾总初见客户就能迅速获得对方好感，同时也成为他在行业里口碑良好的基础。

　　初次见面几句话，就能夸人夸到对方得意处，自然胜过千篇一律的"高帽子"，可见，"言不在多，句句珍贵"的道理。

察言观色，在交流中判断与调整

社交中最为尴尬的场面之一，大概要数"话题卡住了"。相信很多人在与陌生人第一次见面时都遇到过类似的情况：初步打招呼寒暄还算顺利，然而好不容易打开的话题，却聊着聊着就变得"话不投机"了，一两句不着调的对话之后，场面急转直下，变成一方滔滔不绝，一方敷衍应对，渐渐双方都觉得聊的乏味，谈话忽然就冷下来了。

其实，在我们与陌生人交谈时，因为并不了解双方脾气喜好，所以很容易因为一两句话引起对方不适，或者挑起对方不喜欢的话题而导致冷场。这就要求我们在说场面话时学会察言观色，通过分析对方的眼神、表情，判断

没有没有，我只是想说你的身高体重正合适。

怎么，你是在说我胖吗？

谈话是否得当，不断挖掘对方的喜好。

只要话题转得快，谈话结果不会坏，这样随机应变的小心机，早在明清小说里就可见端倪。

清代长篇白话小说《蜃楼志》在讲述乾隆、嘉庆年间岭南商贾故事时，就记载了这样一个店铺老板和求职伙计的小片段，让我们看到优秀的察言观色能力，是如何帮人反败为胜的。

有一位青年初到广州，为谋求一份差事，去见一位洋行老板，而他面对的难题就是如何向见多识广的洋行老板推销自己。

事务繁忙的洋行老板并没有将普普通通的青年放在眼里，交谈开始没多久，洋行老板就陷入了敷衍和沉默中。

观察到对方微蹙的眉头，青年知道留给他说话的时间不多了，如果他继续当前千篇一律的叙述，不能引起洋行老板的兴趣，那他将难以获得这份工作。于是青年计上心来，赶紧转移话题道："听说您的洋行商铺人才济济，而像我这样才能平庸的人，能不能为您创造价值还是未知数，所以您觉得与其冒险给我机会，不如直接拒绝我，那样会更方便，是吗？"

青年忽然转移话题，让洋行老板短暂地沉默了一分钟，随后沉思片刻问道："你对当前广州十三洋行之发展有什么想法，对自己的未来又有什么想法，能告诉我吗？"

青年回答道："大人，真是抱歉，是我刚才太冒昧了吗？您觉得我这样普通的人，还值得谈吗？"

洋行老板沉默片刻后，安慰他说："请不要客气，我希望听听你的想法。"

获得鼓励的青年知道自己的机会来了，于是迅速结束刚才洋行老板不感兴趣的话题，转而将自己对当前广州经济之发展，洋行之前景的想法，还有自己如果能获得这份工作，未来的发展计划一一告诉了洋行老板。在听完青年的想法后，老板立刻态度转变，并希望他能第二天就来自己的洋行工作。

这里青年反败为胜的关键，就在于懂得察言观色，知道在交流中不断调整战略，转移话题。其实生活中，不做"冷场王"，也只需要我们学会说话"看脸色"而已。

社会"小白"在应付各种场面时，察言观色也许是稍微困难的操作，但我们一定要学会判断，你的话题有没有被"卡住"。毕竟，更多时候第一次见面的谈话，并不是为了一探究竟、寻求答案，我们更多的是需要用谈话让场面热起来。

很多时候我们谈话冷场主要是因为彼此不熟悉、双方性格不合、选错话题等原因。如果你在与"新朋友"谈话时，观察到对方明显有不想说话、回答冷淡的情绪，并且觉得越来越话不投机，逐渐有冷场的趋势，那就尝试暂且丢开当前的话题。可以选择顺水推舟，回归上一个对方反馈较为热情的话题或者观点上进行延伸。

比如，如果对方是个西装革履的商务人士，那不妨转而聊聊金融、股市等相关话题；如果对方刚才对你提起的教育改革表示赞同，那不如顺着对方的观点，加深这一话题的讨论，通过观察对方的表情、动作，逐步分析如何接话，让场面活络起来，给对方更多跟你"志趣相投"的感觉。

中国人讲究"闻弦歌而知雅意"，强调的就是话不用说尽，而需察言观色，读懂弦外之音，才能让你在任何场合，全凭口才，游刃有余。

谨慎说话，别让你的率真变成麻烦

诚实作为一种良好美德，在学校教育中备受推崇。然而我们听过的与诚实相对的，也并非谎言，适当沉默也是一种聪明的回答。

季羡林就曾说过一句著名的话："假话全不说，真话不全说。"你的诚实不必锋芒毕露，但必须学会明哲保身。很多人在第一次见面时容易犯口无

遮拦、交浅言深的毛病。殊不知自己不经意的一句"大实话"，会在对方心中埋下"芥蒂"的种子。所以，别让彼此不熟悉时的一时率真和快言快语，变成后续沟通的麻烦。说话需谨慎，是社会生活中的重要一课。

社交中，诚实固然是良好的品质，但一些人也喜欢把"我这人就是直，爱实话实说"挂在嘴边，但是过于大大咧咧、实话实说，就很容易让人觉得这个人太过莽撞，尤其在第一次见面，并不太熟的情况下，快言快语很有可能变成劣势。

王强作为公司有名的"直肠子"，单是一张"刚正不阿"的嘴，就得罪了很多合作方。每次跟合作方对接，王强总是习惯直接指出对方的毛病，比如，"你们这个方案有点儿太普通了，策划一看就没用心"，一句话不但搞得对方尴尬，也让后续的对接困难重重。

其实换个角度，改为这样说："我认真看了你们的方案，做得挺细致的，但还少点儿亮点，如果能参考一下XXX的风格就更好了。"

这样的改变既顾全了对方的面子，也委婉地表达出自己的观点和意见方向，在给别人化解尴尬的同时，也为自己行方便。

原来话还能这么说，真是学到了。

社交中的直言快语，虽然能够给对方光明磊落的第一印象，但直来直往的说话风格，也很容易导致对方恼羞成怒，造成不可收拾的局面。

　　会说话的人，即使是耿直的话，也会选择用动听的方式委婉表达。我们可以指出对方的毛病或不足，但切记不要把尖锐当耿直，把锋芒当个性。还不够熟悉时，场面话不妨谨慎一些，点到为止，把容易打击人的"大实话"包裹在甜蜜善意的语言里，让对方感知到你观点的同时，又更乐于接受，何乐而不为呢？

选对话题，尽量打开对方的话匣子

人际交往中，总有一些不善言辞者很难做到滔滔不绝的交谈，尤其在与不熟悉的人初次见面时，冷场更是家常便饭。其实，如果你不是个社交小能手，不能很好地让对话延续，不如把精力放在选择一个合适的话题上，把说话的机会交给别人，尽量打开对方的话匣子。做一个专注的倾听者，有时候也会

收获意想不到的社交好效果。

即使再寡言少语或者格格不入的人，在谈论到自己感兴趣的话题时都会变得能说会道、滔滔不绝。而在与陌生人的社交中，好的谈话也并不是需要你一刻不停地暖场、找话题，把说话的机会交给对方，无形之中，就能化解彼此之间沟通的屏障。

这样选对话题，打开对方话匣子的做法，在生活中也是让你跟其他人聊得来的绝佳方法。

但是，对于有些刚刚融入陌生环境的人来说，找到合适的话题，本身就是一件困难的事儿。我们可以和熟悉的人快速切入彼此具有共鸣的话题，那么对于一无所知的陌生人，我们的话题又从何而来呢？

其实，把陌生人变成"老朋友"，不妨从他们的自我介绍开始。初次拜访陌生人，他们的自我介绍和身边细节，都是你挖掘话题的好线索。

一般社交中，如果场上有陌生人，你们彼此共同的朋友或者中间人，都

会先为双方做基本介绍，比如："嘉航，这是刘传，很早就想介绍给你了，他刚从长沙到北京，做广告行业的，以后你们没准还有合作机会呢。"

从这段对话中，我们就可以提取关键词了，"长沙""广告行业""合作机会"，抓住这些有用信息，选择对方最有可能展开的，或者是与其相关的，或者是对方可能感兴趣了解的事情，你们的话题自然能够很好地延续。

比如，我们可以表示对长沙感兴趣，让对方谈谈长沙的风土人情，或者说说对方从事的广告行业，既然介绍人说你们"没准有机会合作"，自然是说明业务上有交集，起个话头谈论行业现状，问问对方来北京的发展规划，并适当地穿插一两句你的观点，都是容易受到对方欢迎的说话方式。

其实无论是陌生人，还是只见过一两次的"半熟"朋友，好的话题都藏在细节里。尽量从对方的衣着、谈吐中挖掘对方可能感兴趣的话题，并在其中选择你最容易掌控的话题抛给对方，把说话的机会更多地留给对方。这样更容易让人产生相见恨晚的感觉，进而更乐于和你谈话，你们的交流也自然水到渠成了。

相信即使是不善言辞者，只要掌握这种"抛出话题"的技巧，成功打开对方的话匣子，那么在社交场面中，也能游刃有余，并更多地获得自己想要的信息。

第二章

餐桌礼仪，
沟通出人脉关系

餐桌礼仪中，说得多，不如说得巧。

常言道：酒杯之中有乾坤，饭局之中品进退。我
们说的每句话，都是在为社交人脉打基础，你的话讲
得越成功，你的社交人脉才能越稳固。

邀请不同的人吃饭，沟通技巧大不同

　　请客吃饭并不是一件简单的事，邀请别人要"师出有名"，让别人心情愉快到场，要话中有术，可谓"酒局之中有名利，饭局之中藏关系"。不是每个人都有资格被请，也不是你请了，人家就必须出席。简简单单的一个饭局，要想双方交流达到最好的效果，邀请的语言，是成功的第一步。

> 在一起工作这么长时间，大家也没有好好地聚在一起吃顿饭，今天各位能捧场，抽空坐在这里，我非常荣幸。

　　其实无论我们是组局邀请人者，还是被邀请者，要想在复杂的人际关系中游刃有余，都需要做足功课，掌握不同的技巧，应对不同的人。

　　小张在朋友圈中八面玲珑，每次他组的局大家都会到场，就是因为小张在邀请人时，常有一套自己独特的语言技巧。

　　比如，有时候为了帮朋友牵线搭桥，要请一些生意上的伙伴吃饭，但这些伙伴平时很难请出来。小张就会事先做好功课，把请客的事儿放后面说，先投其所好，让对方产生兴趣，可以这样说："袁总，听说您对字画方面很有心得。我朋友这正好新收了一幅画，我也不专业，这就想到您了。看您什么时候有空？咱们约着吃顿饭聊聊？"

　　邀请人最关键的是诚意和理由，选择对方感兴趣的理由，再三邀请，总会成功。

　　可见，没有请不动的人，只有没说对的话。邀请不同的人，只要我们抓住被邀请者的心理，把话说到对方的关注点上，自然可以。

　　职业、身份、经历决定了每个人的行为处事习惯与方法。社交场合中，就是针对不同的人区别对待。邀请前先摸清对方喜好，有的放矢地说话、下请帖，结合对方特点，帮他说出一个"不得不参加"的理由，你的邀请就自然能成功。

我也邀请XXX来了，她之前还跟我念叨想你了呢，正好咱们吃饭聚聚。

点菜哲学，给客人说话的机会

《过得好不好，吃顿饭就知道》一书中有这样一句话："职场上，生意场上，人难免披上一层谨慎的外衣，而饭局是一个人最放松、最无法伪装的时候。"饭局就是我们走进他人内心最好的机会。

饭局作为社交中最常见的一种交际方式，既是拓展交友圈的方式，也是交换信息和建立联系的重要媒介。饭局见人品，杯盏之间窥性格，你是观察者，

这家饭店的烤鸭很有名，不妨点一只尝尝。

也被人观察。所以如何让他人觉得你值得深交，取决于你能否把每句话说得得体，不露怯。

一场好的饭局，可以让不熟悉的人变得熟悉，让竞争对手变成合作伙伴，让朋友变成你广纳机缘的阶梯……总之，从入席点菜开始，你就需要进入"战斗状态"了。人和人之间的亲疏远近、格局高低、能力深浅，从翻开菜单那一刻就透露了。

有位作家曾讲述过一次她参加笔会的经历，跟读者分享了她关于饭局上言谈的一些见解。

那次笔会中，有这位作家十分崇拜的甲作家。这位作家在现场热情地和对方打招呼，并兴奋地要了签名。随后用餐时，"粉丝"心理使这位作家本想与偶像作家展开进一步沟通，然而在席间，甲作家不但点菜时不为他人着想，且吃相狼吞虎咽，与其他人也较少聊天沟通。别人礼让寒暄时，甲作家在胡

吃海塞，别人讨论交谈时，他还时不时插话，发表几句"高见"。

甲作家在饭桌上这种自私贪婪、言谈间不顾及他人的行为，不禁让"粉丝滤镜"碎了一地，不再对这位作家心怀好感。

饭局的本质是一场社交，我们吃的不是饭菜口味，而是人世情义。无论做东备局的，还是受邀入席的，都要从他人的角度考虑，给对方更多表达的机会，也就是给自己获得更多对方好感的机会。

饭局上，我们可能并没法很快成为那个口若悬河、八面玲珑的人。那么不如退而求其次，把贴心、周全作为自己"会说话"的标签，细节之处做文章，细致周全地考虑他人所需：问内向少言的人想吃什么，给对方说话的机会；问喜爱美食的人是否合口味，让对方觉得被重视；问平时挑食的人是否有忌口，让对方觉得受关注……

总之，从点菜开始展现你善解人意的好品格，这样句句贴心的问话，更容易帮你赢得为人可靠的评价。

食物口味找共鸣，上菜间隙不冷场

现代社交中，各种饭局的目的无外乎联络感情、交换资源、经商合作、对外宣传等，与其说是饭局，不如说是饭桌上的博弈。而如何能在各种彼此并不十分熟悉的僵局中顺利过关，就是彰显我们八面玲珑的时候了。

过了点菜推拉这道关后，下面要考验的就是在饭桌开席前打破僵局，用开场话"出奇制胜"的能力了。这一环节中说好话，不但能塑造主客尽欢的

活络气氛,往往还能给接下来的谈话奠定良好的情感基础,而谈论食物和菜品,则是经典话题。

《舌尖上的中国》作为经典美食纪录片火遍全国,总导演陈晓卿就曾多次说过这样一句话:"其实,世界上最好吃的永远是人。"

因为所有美食记录的永远不止是味蕾的欢愉,更多的其实是人们"和谁吃""在哪吃"的烟火气和熟悉感。这份味蕾上的熟悉感和亲切感,就是饭桌上谈话不冷场的最好话题。

著名美食家蔡澜曾经在节目采访中说道:"吃的文化,是交朋友的最好武器,你和宁波人谈起鳝糊、黄泥螺、臭冬瓜,他们会大为兴奋;你和香港人讲到云吞,他们一定知道哪一家做得好吃。"吃喝是情义,也是文化,在饭桌上有这样的美食文化,我们又何愁没有谈资呢? 而这样的高情商聊天,在蔡澜的节目中也随处可见。

曾经蔡澜受邀录制某综艺节目,其间与主持人和嘉宾一起聊各地美食。虽然与主持人和其他嘉宾因为生活地域不同等原因,口味大相径庭,但是谈话期间,主持人谈到吃昆虫这类奇异美食经历,蔡澜虽难以欣赏这样的口味,却说:"这个味道还蛮特别的。"

一句"蛮特别",既成全了主持人和其他嘉宾谈论美食的兴致,也委婉地表达了自己的观点,无形中让人好感倍增。其实,即使不是美食家,作为普通人的我们,饭局开场谈美食,也是保证上菜间隙不冷场的妙计。

一说到家乡的美食,熟悉的口味,即使纵横商场的大人物,也都有一套自己独到的见解和偏好。尤其谈论家乡美食,更会让人平添一股"骄傲劲儿"和"荣誉感",产生一种希望继续聊下去的"谈话欲",打破沉默的尴尬。

在各种饭局上,用食物口味和对方家乡的经典菜品作为话题撑起场面话,主动出击,给对方话题和发挥空间,让人留下深刻印象的同时,也更容易取得对方的信任和好感。

遇到四川人就聊川菜，遇到东北人就聊烧烤，遇到山东人就聊鲁菜；和年轻女士聊甜品，和中年商务人士聊食补养生，和老年长者聊茶道美酒。食物话题千百种，饭局前稍微做做功课，总有一道菜、一个口味正中对方下怀，容易三言两语让对方视你为知音。

王总是重庆人吧，知道您那边口味重，喜欢鲜香麻辣的，今天我们老总特意让我定了这家特色川菜。

另外，不要忘了，食物口味找共鸣，除了可以让你八面玲珑会说话外，还能让你在接下来推杯换盏前，更快了解对方的口味、喜好，席间让菜更合对方心意，给对方留下贴心亲切之感。

调节气氛显内涵，席间话题学问大

从著名的楚汉相争一场鸿门宴，到后来宋太祖赵匡胤杯酒释兵权，任何一场酒局，都穿插着人情世故这场没有硝烟的战争。

酒桌饭局之上，酒肉饭菜不过是附属品，谈天说地的场面话，才是桌上的"主菜"。而要想在聊天中谈出你的资源人脉，将酒桌对谈变成一种投资、

一种博弈、一种手段，要学会不同对答方式，调节酒桌气氛，方为上策。

说起酒桌饭局间的谈话学问，《三国演义》第二十一回讲述的关于"青梅煮酒论英雄"的故事，一直被人津津乐道，奉为酒桌对话博弈的经典。

青梅煮酒论英雄这场酒局之上，酒是请君入瓮的借口，是装醉试探的道具，也是曹刘二人情绪的载体。其实，我们日常社交的酒局中，喝酒也只是一种手段，醉翁之意不在酒，而在如何用酒为载体，说出平时不好说、不能说的话。明白喝酒为辅、说话为主的人，才不会错过酒桌上拓展人脉的机会。

饭桌酒局最忌冷场，想让人放松地说出心里话，要关注的就不仅仅是吃喝，而要学会用各种场面话制造"插曲"，让酒桌上的人在一种和谐融洽的氛围中放下戒备。

你可以用酒桌游戏的方式炒热气氛；可以发挥自己的幽默感，说说大家都有共鸣的社会趣闻；可以夸张而有分寸感地谈论、夸奖某人的天赋、成就，让奉承之言在活跃的气氛中变得更受用；你甚至可以说一些无伤大雅的吹牛话，让人欣赏、羡慕你，又不至于过分认真追究。只要你在言谈间用你的幽默、赞美、真诚让对方认可你，那么我们酒桌社交的目的也就达到了。

酒桌上学会称呼，让关系迅速升温

喜欢听到他人恭维是人的天性，即使是位高权重的人，在听到高明的恭维时，也会心情愉悦。而酒桌上，想要于无形之中恭维他人，让奉承之言润物无声，善用称呼和职位头衔给人"戴高帽"，就是很巧妙的办法。

如果用心观察酒局中的社交牛人，我们很容易就会发现，在遇到酒桌上

有副职的时候，他们一般并不会称呼"张副总""刘副总"，而是精明地把"副"字去掉，一律称呼"张总""刘总"。如果他们与有职位和头衔的人关系较好，在不是很正式的社交酒局中，甚至会直呼其名，显示彼此关系不一般。

这种酒局称呼上的小心机，其实就是抓住了人们都希望获得更多尊重的心理。越是上位者，越希望通过头衔、称呼显示他们的地位。高层领导希望展示控制权，中层领导希望展示能力，基层职员也希望获得尊重。而这些心理，在酒桌上，都可以通过一句恰当的称呼获得满足。可以说，好的称呼，是交人、用人的敲门砖，古往今来，四海适用。

《西游记》这部小说，就借师徒四人西天取经经历，对现实社会进行了一番讽刺。书中对孙悟空的不同称呼，就反映出社交中学会称呼人的重要性。

初入天庭的孙悟空在开始被封为"弼马温"时，尚不知道这只是天庭一个养马的末等小官，上任时还是喜笑颜开，后来他知道真相时，勃然大怒，开始与天庭作对。为了彰显自己的身份和面子，孙悟空给自己封了个"齐天大圣"的称号，后来一路取经途中，但凡挖苦孙悟空是"弼马温"的妖精，

今天咱们一见如故，你也别"李总、李总"地称呼了，多生分，直接叫李哥，听着亲切。

都被孙悟空收拾了，而尊称孙悟空"齐天大圣"的妖精，因为得了孙悟空的欢心，下场就相对较好。

可见，从古至今，人们对称呼的方式都很在意。一句蠢笨的称呼，可能让对方厌烦至极，而一句聪明的称呼，也有可能迅速拉近彼此的关系。

酒局场面话中，学会称呼的原则是：叫大不叫小，叫亲不叫疏，逢人抬头衔，夸人要自然。一旦在称呼中对方觉得受到尊重和肯定，自然也会把同样的尊重和认同回馈给你。酒桌上的关系自然升温，我们的人脉关系，也就在这一句小小的称呼中，得到了拓展。

花式敬酒燃情绪，酒局气氛全靠聊

敬酒是饭局酒桌上一种很好的联络感情的方式，可以消除陌生人之间的隔阂感，可以增进朋友之间的情谊，可以从商业博弈变成合作共赢，也可以让过往误会"杯酒泯恩仇"。

无论是商务洽谈、欢度佳节，还是亲友聚会等活动，饭桌酒局上想宾主尽欢，都需要一席好的敬酒词或祝酒词。祝词要做到短小精悍有内涵，情感充沛有感染力，就能让你在觥筹交错间如鱼得水，受到更多人喜欢。

饭局酒桌之上，如果你既想活跃气氛，变成局中"开心果"，又想用更多丰富而短小精悍的场面话花式敬酒，那么不妨参考外交场合中的引经据典，给你的敬酒词加点儿不一样的"作料"，推杯换盏间获得更多人的好感。

首先，一旦开始敬酒，要注意围绕同一个主题，避免开头一句点题，后面离题万里。适应敬酒的场合，简单聊聊对席间伙伴们重要的、有意义的、快乐的事情，用一两句话展望未来，这都是点燃气氛不错的祝酒词。

另外，如果想引经据典地敬酒，并成功引起对方畅谈，多说一些和酒有关的诗句，借诗句之名"交朋友""拉关系"，也是有效的敬酒词。

比如："都说有缘千里来相会，无缘对面不相逢，今天咱们能聚在这个

酒桌上，就是缘分。天大地大，相逢一场，为今天相聚，干一杯！"一句敬酒词，
陌生人秒变新朋友。

　　社交局中花式敬酒点燃席间气氛的话还有很多，但你只要记住文化中热
情好客、有礼有节的传统，就能靠会说话，在觥筹交错间广结良友。

酒桌"打太极"，巧妙话见功夫

　　在各种酒局聚会上，互相敬酒、劝酒，都是谈话双方情感和情绪的催化剂。很多人乐于探讨如何在酒桌上"打太极"，巧妙地避免喝多。

　　其实社交场合中的酒局，我们最终的目的都是希望大家乘兴而来，尽兴而归。这就要求我们学会在酒桌上"打太极"，巧妙地把酒"推出去"，一团和气地从容拒酒。

原来酒桌上还能"打太极"。

怎么打可是有学问的呢！

李经理作为公司的金牌销售，经常需要应酬，为了既不喝倒自己，又不驳客户面子，他自有一套独特的应对方法。

　　每次遇到酒量特别好的客户，李经理都会在适当的时机向客户透露"特别感谢您今天的盛情，我以往只有三杯的酒量，今天碰到您，那是酒逢知己，喝得格外开心。这就贪杯喝多了不少，您海量，我这再喝可就不行了，还望您体谅。"

　　像这样酒桌上的巧妙示弱，不但避免了驳客户的面子，同时也能表示出自己的热情。旁敲侧击透露出继续喝的后果，并把足够的真诚留在字里行间，只要是善解人意的劝酒者，也都能明白凡事有度、过犹不及的道理。

　　除了强调后果的示弱之外，顺水推舟说好话，也是李经理酒桌上挡酒的妙招。

　　某次酒宴上，酒过三巡，李经理觉得自己喝到量了，此时某位客人又敬上来一杯白酒，说是和李经理投缘，一定要喝。李经理灵机一动，说："王总，您白手起家打天下，当配白酒，但今天我想敬您一杯红酒，主要想祝您以后事业像这红酒一样，红红火火！"

　　李经理一句话巧妙地帮自己换了更不易醉的红酒，还顺水推舟捧得王总

心花怒放。一席话，可谓反守为攻，十分巧妙。

　　可见，最好的挡酒词不是坚定立场的绝对不喝，而是"以情抵情"、借力打力。我们讲究酒桌情谊，能聚在一个饭局酒桌上的，多是有些交情或以后会有交情的人。拒酒"打太极"时，说好拒酒话，动之以情，不失为拒酒哲学中最巧妙的办法。

"下次再聚"，散席的点睛之笔

酒桌社交的道理现代人都懂得一二，酒肉是桥梁，人情是目的。推杯换盏间，没有人单纯为了喝酒而喝酒，而是在酒里品桌上人的一言一行。酒桌场面话，劝酒为表，洞察人心为里。要想酒桌成事，赚到人情口碑，开场收尾的场面功夫都少不了。开场点菜、称呼学问大，待散席收尾的时候，能否给人圆融周到的好印象，更是酒桌社交点睛的关键。

酒逢知己千杯少，今夜幸有诸位相伴，十分感激。

在处理酒桌开场收尾时，建筑公司的徐华就自有一套，让他不但能轻松请动客户，还让客户对他印象颇好，渐渐处成了朋友。

某天徐华想邀客户吃饭，顺便谈谈手上的设计，便对客户说："张总，今天的设计稿您看还可以吧？其实我昨天找到了一份更有创意的参考文件，就是时间比较晚，来不及整理了。要不这样，我先回去整理一下，晚上咱们一起吃饭，我顺便把文件带给您看。我想加入一些创意点，咱们这回的设计可能会更好。"

这样专注工作又有分寸的邀请自然没人能拒绝。徐华和张总在餐厅边聊工作边吃饭，相谈甚欢。待结束时，徐华又对客户说："张总，您刚才的建议我觉得特别好，果然还是您有经验、眼光好，谢谢您的建议！您看，这时间也不早了，要不这样，今天我先回去修改设计，尽快发给您。咱们明天再约着详聊。今天这家店看起来很合您口味，下次我再推荐一家新店您尝尝，您保准喜欢！"

几句简单的话，让张总对徐华更加欣赏，觉得这种时刻关心工作，又观察细心，还能和自己聊得来的人，才是公司发展需要的人才。

请客吃饭或酒桌交际时，我们经常会在结束时觉得松了口气。但越是到

如果有招待不周的地方,希望大家多多体谅。

尾声，越是表现一个人是否周全得体的时候。如果收尾时仓促离场，让对方感觉到你的怠慢和急促，难免让对方的好印象化为乌有，一场酒局可谓功亏一篑。

所以，酒局收尾，不妨尽显大方姿态，以客人为先，询问其是否尽兴，让对方感受到被尊重和关注，说好结束语，表示"今日相谈甚欢，有机会下次再聚"，让对方觉得你和他有同样的好心情。

俗话说"编筐编篓，全在收口"，好的开始是成功的一半，收尾也同样重要。酒桌饭局上让人觉得宾主尽欢，想和你"下次再聚"，我们才能达到酒桌社交的真正目的。

第三章

亲友交际考情商，会说话让感情不断升温

与亲朋好友相处，是我们生活中最常经历的社交模式。很多时候人们常觉得亲友之间说话可以肆无忌惮，并不需要什么客套话。但是"良言一句三冬暖，恶语伤人六月寒"，正因为是亲友，我们更要说好话，让对方感受到你把他放在心上，让你们的感情在交流中不断升温。

分享欲，是最好的赞美

前段时间微博上一条热搜引起了很多人的共鸣，话题是关于"我们为什么在乎分享欲"。

评论里，很多人对生活中自己正在丧失分享欲表示焦虑，而更让人难受的是，他们发现社交中愿意主动跟自己分享生活的人也在逐渐减少，大家每天都忙忙碌碌，分享彼此生活这种"奢侈"的交流方式，正在被舍弃。

那什么是分享呢？

分享不是我抬头所见的星空与你不同，才要告诉你；分享不是我去过的公园你没去过，才要告诉你。分享是即使我们看到的日出日落都一样，我们经历的普通生活都相似，但我想把我的所见所闻告诉你，让你知道我是在乎你的。

分享欲，如同热气腾腾的烟火气，是一种温暖的情感传递。在社交生活中，当他人无暇顾及分享的时候，如果你能成为那个不经意间与他人分享生活的人，在言谈中表现出你对他的分享欲，那么自然能让对方感受到你的热情和喜爱。

生活中，亲友之间的交际，往往比跟陌生人的社交更难，因为我们互相了解，话说不好更容易被误解，让对方觉得敷衍。但如果你能用"分享欲"撑起彼此的交流，让对方觉得你把他放在"心尖儿"上，那所有普通对话，都能变成亲友交际中的甜蜜时刻。

今天做了两台手术，太累了。其中一个病人原本是小胃病，结果不注意，发展成胃溃疡。你胃不好也要注意，有不舒服及时告诉我。

刘畅是一名工作忙碌的医生，早出晚归的他，希望妻子能够善解人意，做他生活中的"加油站""共鸣器"，能更多地体谅他，然而现实总是恰恰相反，两个人在家中的对话经常是这样的：

刘畅忙碌一天回到家，问妻子："今天晚饭吃什么？""我今天晚上还有材料要整理，你辅导完孩子作业早点儿睡，别等我。"

而妻子也经常心不在焉地回答："我今天找人修过厨房窗户了。""晚上别熬太晚，明天要送孩子上课外辅导班。"

日复一日这样的对话，让两个人都觉得彼此的情感变得淡了。

到了这时候，刘畅才觉出问题来，如果不改变两个人的交流模式，很可能会面临婚姻危机。

随后的一段日子，刘畅回家后，会有意识地跟妻子分享自己在工作中遇到的事，"今天做了两台手术，太累了。其中一个病人原本是小胃病，结果不注意，发展成胃溃疡。你胃不好也要注意，有不舒服及时告诉我。"

面对刘畅的关心，妻子也开始主动跟他分享起自己的见闻："今天送孩子上课，回来的时候看到公园的花开得很好，等你有时间，陪我和孩子一起去看看花儿。"

就这样交流了一段时间，刘畅和妻子的生活又恢复了昔日的甜蜜。

亲友之间要想维持良好的关系，同样需要用心说好话，经营好双方的情感。亲友之间的话不是装腔作势，而是把爱说出来，让对方感受到。我们缺少的不是话题或共鸣，而是分享的耐心。

在你因为无话可谈，觉得与亲友关系疏离时，不妨从分享入手，并把分享的事情与对方建立关联。

我今天路过一家新开的网红粤菜馆，看起来很好吃，当时一下就想起你喜欢吃粤菜，下次咱们一起去吃吧！

说这些话时，也许我们并不会真的约定具体时间，去跟亲人、朋友们吃一顿粤菜，看一场夕阳。但你愿意与对方分享生活，字里行间又频繁提到和对方有关的事情，就会让人觉得你把他当作"自己人"，进而获得一种社交生活中被在意的满足感，仿佛受到了赞美。

所以说，分享欲，是对一个人最好的赞美。亲友交际中，如果你是个有点木讷内向的人，不知道如何用甜言蜜语让更多朋友喜欢你，那么不如多多分享。用平实的语言把你生活中的发现与惊喜告诉对方，通过微不足道的小事让对方知道"你有什么事都会想起他"，自然能收获生活中的好人缘。

因为是朋友，更要说服你

在生活中，我们常常会遇到因为"抹不开面子"而需要说一些违心话的时候。尤其在亲友交际场面中，因为怕得罪亲朋好友，即使他们的观点或做法存在一些明显错误，一些人仍然会为了顾及情面和对方的感受，而选择盲目地顺着对方说话。

这种迫于情面压力而顺从的话，很可能变成你和朋友关系决裂的导火索。"当时你怎么不劝劝我？""你没认真替我着想吧！"这些朋友间的埋怨话

我们应该考虑改变这种做法，因为它能带来更多的好处。

我们经常能听到的。在亲友社交中，与其为了表面和谐而违心说话捧杀对方，不如学会说服别人，温和而真实地表达自己的意见。因为是朋友，更要去说服，用"攻心"话让对方甘心听你劝导，让对方知道，做朋友还是你最真诚。

高明地说服，需要我们了解如何打动对方，开口之前就要抓住对方的真实需要。

杨程程在朋友圈中是有名的调节王，无论是朋友之间有矛盾来劝和，还是她自己想说服朋友少犯错，都会让对方心悦诚服，自然而然地沿着她的思路走。她自有一套说服人的话。

比如，对待性格固执的朋友，她就会抓住对方在意的要点，速战速决，用几句话解决对方困惑，说服对方；面对性格温和又优柔寡断的朋友，她就会针对对方的观点，再娓娓道来，逐步帮朋友分析利弊，看清事情的真相；即使那些坚持己见，最后没有听她劝说的朋友，她也会告诉对方："不如你再考虑考虑，有什么想不通的，欢迎你随时跟我聊聊。"

像这样劝说他人的话，或许并不能完全帮助他们，但是你对症下药地分

析利弊、设身处地地申明利害，一言一语都会在朋友心中留下你靠谱又贴心的印象。即使后续事情发展不尽如人意，对方因为你当初的话，也会觉得你值得结交，下次会更愿意征求你的意见。

说服朋友，以理服人，攻心为上。坚持你自己的观点，只要你的话能打动对方，便能使友情更上一层楼。

亲友也要有距离，客气不是不爱你

　　知无不言往往是很多人与亲友相处的日常模式。我们会觉得亲友之间如此熟悉，不用说一些冠冕堂皇的客气话，有什么想说的都可以直接和对方表达，没必要客客气气。甚至某些人对待外人谦和有礼，在跟熟络的人谈话时，反而会控制不好说话的口气，更容易惹对方不快。

　　我国作为礼仪之邦，崇礼尚德一直是中华文化基因中传承和推崇的。其实无论是对待社交场中的陌生人，还是身边的亲友，人与人之间的沟通交流

你们都是热心肠，父母在家你们费心了。谢谢哥哥、嫂子！

都需要遵循互相尊重这个原则。亲友社交作为人际交往中更为亲密的一种社交关系，也依然有必要遵循这点。

别人对我们的帮助、照顾、示好，不是理所当然的。亲友社交中用一些客气、有礼貌的话表达出对对方的感谢、尊重等正面情绪，才能更好地展现出一个人与人交往的态度，并给人留下高素质、可结交的印象。

亲友之间的客气，并非疏远，而是一种更高级的爱，无论身在其中还是作为旁观者，我们都能感受到这种场面中客气话的魅力。

生活中我们与亲友之间的感情更深厚，这让我们与他们谈话相处时约束更少，不经意间甚至变得放松。但与亲友交往也要有距离，我们替对方着想、想帮助对方的好意，也需要暖心的话承载。

蔡康永说："懂得说谢谢，才懂得如何拿捏人情的轻重。"亲友交际时，我们也不妨把"谢谢你""你真好""麻烦了""辛苦了""请你帮我"这些话挂在嘴边，让亲友感受到你对他们的尊重，同时也让对方觉得他们是"被

需要"的，他们的帮助对你有不可或缺的作用。

人人都希望与自己对话交流的人是亲切有礼的，没人喜欢被指使和命令的口气。将心比心，即使是我们自己，也希望自己面对的亲戚朋友是讲话有分寸的人。那么不妨先把自己变成对亲戚朋友语气温和、能客气感谢对方的人吧。

即使是面对自己的妈妈，在听到你说"妈，帮我添一碗饭，谢谢"的时候，都会更乐于帮你添饭，那么我们不妨使用这种技巧，把你身边亲友的亲密关系持续加深，让你的尊重、喜爱渗透进语言细节中，亲情、友情自然会更加牢固。

许诺量力而行，承诺势在必行

国学名著《道德经》中有这样一句话："夫轻诺必寡信，多易必多难。是以圣人犹难之，故终无难。"用现在的话说就是：人不要对自己没有把握的事情轻易许诺，能够轻易答应他人请求，并给他人承诺的人，必定是个不容易信守承诺的人。

从《道德经》中，我们就可以看出中国文化中对诺言诚信的看重。人际交往中，每次承诺、约定都会影响他人对我们的印象。尤其在与亲友的交往中，

我既然答应了就一定要做到。

更不可因为一句话的疏忽大意，而在朋友圈中落个不诚不信、妄言诳语的坏名声。做个许诺量力而行，承诺势在必行的人，才能和朋友维持良好的关系。

人无信而不立，要想在社会中生存，慎言守信少不了。一个人如果言行失信，那他一旦处于困境，就只能坐以待毙。

因为不守承诺而丧失别人的信任，最终造成自身处于困境，难以得到他人帮助的人比比皆是。而要想避免胡乱许诺给自己带来糟糕的口碑，就要记住，在面对别人的请求时，即使胸有成竹，也不要着急答应，许诺之前为自己留有余地，务必三思而后行。这样才能保证"一诺千金"，让你变成那个朋友圈人人都想结交的"靠谱的人"。

遇到不确定能不能办到的事情时，我们不妨参考上面的说辞，一句话既表示了自己很乐意帮助对方，让朋友感受到你的大方热情，又给自己留有一定的空间，避免因为贸然承诺而可能导致的失信。

诸如此类，在我们与朋友谈话时，可以把"没问题""一定行""看我的"这类绝对化的答案换成"我试试""我尽量""别担心，我帮你"这类更谦虚的词。因为社交不仅靠一腔热情，还要靠谨言慎行，量力发言，才能在亲友社交中赢得好口碑。

设身处地的安慰，让友谊牢固

　　人生不如意，十之八九。生活中我们经常会遇到一些不如意的事情，面对这些糟心事，朋友圈里发几句牢骚，微博上写"小作文"吐槽，都是缓解情绪的方式。但在人生失意时最奏效的，无疑是朋友之间的互相安慰。

　　但经常有人问："我不会安慰人，怎么办？"

　　"遇到朋友失业了、考试考砸了、面试被刷了等糟糕的事情发生，即使朋友或亲人十分难过，我仍然不知道如何安慰对方，这感觉糟透了。"

　　俗话说："良言一句三冬暖。"社交中的很多时刻，即使我们没有能力

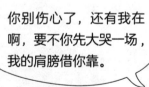
你别伤心了，还有我在啊，要不你先大哭一场，我的肩膀借你靠。

实实在在地施以援手，帮亲朋好友解决问题，只要能够适时地送上一两句安慰的话，设身处地地开导对方，也会让朋友觉得你是纷杂世界中的一缕光，从你身上能够获得温暖。而你说过的那些安慰的话，也会成为朋友脑海里最深刻的印象，心底里最真切的感激。

朋友遭受挫折时，可以用比较式安慰。把朋友的经历和更加不如意的人对比，让对方意识到生活还没那么糟糕，世界上还有更多不如意的人，形成一种"比下有余"的心态，自然能够缓解朋友消极的态度。

另外鼓励式安慰，也是有效的方法。如果你的朋友不是乐天派，难以从"比下有余"中获得安慰，不妨说说他身上的优点。不纠结于糟糕的境遇本身，而在对话中加入对对方的夸奖，用语言激励对方，帮助朋友客观分析其自身优势，激发其积极进取的心态，也是安慰人的好办法。

你很好啦！高考考了570多分，还能上一本，我比你差多了，二本都有点儿悬。

不同的人有不同的情绪点，希望听到不同的安慰话。但是万变不离其宗，任何人内心都渴望被他人理解。只要你能告别千篇一律的话术，从对方的角度出发，善用推己及人的语言艺术，自然句句暖人心，让友谊在走心安慰中更加牢不可破。

亲人间的赞美话，是生活的仪式感

学会赞美别人，是生活交往中很重要的一步。但有很多人错误地认为，面对亲人朋友时，我们没必要去赞美对方，觉得亲人朋友对自己的好，是理所应当的，无论说不说赞美的话，这份感情都不会淡漠。

其实，现实并非如此，虽然每个人都认为"我很重要"，但他们仍然希望受到周围人的肯定，在这种肯定中，人们可以感觉到自己的存在感，并获得成就感。而给予他人这种"成就感"的你，更容易在对方心中留下亲近的好印象。

诸如"你特别好，一定能行""你的天分很高，我觉得你最棒""你真有才，

老公，这套西服穿在你身上，真是帅气极了！

写出这么好的作品"，这类具有赞美性的场面话，即使用在亲朋好友之间，也能给予对方力量和勇气。对方在听到这些话时，在乎的并不是你所夸奖的是否是事实，而更在乎受到了夸奖这件事本身，代表了说话人的认同和青睐，会让被夸奖者体会到更多的荣誉感。

生活中为了让亲人朋友感受到我们更多的爱，适当的语言奉承和逗趣夸张的赞美，也可以作为平凡生活中的润滑剂，柔和你们之间的关系。

我的朋友小白经常跟我炫耀自己的女儿可爱又懂事，其中她念叨最多的一点就是女儿经常夸她做菜好吃。每次去小白家做客，小姑娘看着满桌的菜，常会花式夸奖，有一次她拍拍手说："咱们给妈妈鼓掌，谢谢妈妈今天做这么多菜。妈妈做的炒牛肉比其他小朋友妈妈做的都好吃，我们今天把它都吃光！"

对家常菜的夸奖，其实是对背后那个在厨房忙碌了半天的妈妈的赞美。很多时候，人在生活社交中都会有疲惫和感到辛苦时，而一句恰如其分的称赞、鼓励，甚至夸张的表扬，都会让他们觉得一切付出都是值得的。而将这种善意的表扬和鼓励的话语送给对方的人，自然就会获得对方更多好感，人与人之间的交往也会因为几句暖心的话，进入良性循环。

所以，亲人之间赞美的话，是我们给平淡生活的一份仪式感。即使我们都是普通人，也可以用赞美之词，把彼此变成闪闪发光的人。

你的学习成绩提升得很快，希望你下面能再接再厉，再创辉煌！

学会委婉拒绝，让感情更真

生活中很多老好人都有相似的困惑，遇到朋友向自己求助，总是因为害怕伤害朋友关系而难以说"不"。这类人虽然知道拒绝的技巧有很多，但是经常囿于各种原因而难以说出口。尤其在借钱这种事情上，因为不会说拒绝的话，最后造成钱借出去、朋友也没了的情况。

朋友之间讲情义，但我们又不能什么事都为朋友"两肋插刀"，这种情况下如何做才能既拒绝朋友，又不伤害双方的感情呢？尝试委婉的对话，把

我很想借给你，可是你也知道的，我老婆知道了肯定会跟我闹。

拒绝的原因转嫁到第三方，造成出无可奈何的局面，更容易让朋友接受。如果你拒绝得高明，甚至会让朋友觉得你们的感情更真诚。

唐诚毕业后创业，通过向银行贷款把公司做得有声有色，在同学圈子里小有名气。同班同学徐强是唐诚的发小，读书时跟唐诚关系很好，毕业后却游手好闲，好高骛远。他总张罗着要自己做生意，却三心二意，一事无成，几乎把父母的钱都赔光了。

一天，徐强来到唐诚的公司，跟唐诚商量道："哥们儿，最近我一个朋友给我牵线搭桥介绍个新项目，前景特别好，我朋友手里资源多，说带着我一起做，稳赚。就是现在还缺儿点启动资金。我想跟你借点儿，过段时间项目起来了，我一定还。"

唐诚知道徐强不是做生意的材料，这笔钱借出去一定有去无回。但圈于多年朋友情面，直接拒绝又会伤两人的和气。唐诚略微思索后回答："好，你稍等一段时间，我公司这个月银行贷款到期了，我得先把银行的钱还上，你也知道我这公司虽然看着红红火火的，其实也是拆东墙补西墙。但是咱俩这关系，你开口了，我一定得借！其实，你要是着急，我建议你也可以试试像我一样，跟银行贷款，各种流程手续我都了解，我可以把经验传授给你。做创业项目得稳重，我以前踩过的'坑'，不能让兄弟你再踩。"

虽然唐诚拒绝了徐强，但是听着发小这样诚恳的语气，以及帮自己出谋划策的热情，徐强也不想强人所难，说自己再想想别的办法，谢谢唐诚的经验和建议。

亲友交际中，因为彼此都是十分熟悉的人，费尽心思、拐弯抹角地搪塞对方，不如先表达出想要帮助或者认同对方的态度，再将原因引到第三方身上，客观地说明和分析，表示自己心有余而力不足。

比如，可以用"我是挺想跟你去的，但是我父母说……""你说的很对，但是我朋友不让……""不是我觉得不对，而是大家都认为……"等，这类你虽然觉得他对，但是不得不考虑其他影响因素的理由，让对方感受到你的支持和为难。

那么，既然你的主观意识是想帮助对方的，奈何客观条件不允许，自然就不会伤害你和朋友之间的感情。反而你温和的拒绝和真诚的建议，还有可能让处于困难中的朋友感受到一份真诚的关心，让对方把你当成可交之人。

很抱歉，我现在确实没有时间。

亲友社交中，拒绝他人并不一定会让你被朋友拉进"黑名单"或削弱交情。很多时候反目成仇并不是因为拒绝，而是因为在拒绝人的过程中，我们的语言伤害到了对方。所以，学会委婉拒绝的话，巧妙地把拒绝的原因转嫁到外界，表示出拒绝不是你本心，这样不但是对友情、亲情的有效保护，也能塑造自身良好的形象，获得更好的社交效果。

网络一线牵，场面话不仅在口头

如果在网络上发起投票，让年轻人票选出生活中最恐怖的声音，大概早晨的闹钟声和语音电话/视频电话铃声，会并列第一。

在网络成为重要社交媒介的今天，当代年轻人"社恐"症状却逐渐变成一种流行趋势。拒绝社交、不爱社交、不会社交，成为很多年轻人的常态。别说见面打招呼，寒暄等简单的问候，让很多年轻人在社交中发声都开始变成一件困难的事情，更别期望他们能说出周到的场面话。

但愿人长久，千里共婵娟，今天是中秋节，爸、妈，我想你们啦！

社交环境不断变化的今天，社交场面话的边界也在扩大。不一定口头说出来的才叫场面话，在互联网世界中，每天 QQ、微信、微博等各种 App 中，亲友社交更换着不同的载体，发挥的却是相似的联络感情、拓展人脉的作用。

现代人的世界，网络一线牵，社交场面话不仅在面对面的口耳相传中，也在网络社交平台的各种文字、表情包中。要想在现代社交中如鱼得水，善用微信等网络社交软件拓展和维系人脉，也是必备技能。

我们或许不见面，但是人际交往中的语言联络和情感联系不能少。把线下场面话转变为线上微信中的一段语音一段问候，已经变成当代社交的基本功能。

逢年过节时，线下社交场中互相客套后，也不要忽略微信朋友列表里的那些不见面的朋友。组织自己的语言，人工编辑一条祝福语，比如："元宵节吃汤圆了吗？我家的汤圆已经下锅啦！也祝你阖家团圆、事事圆满。"在一众复制转发的吉祥话里，自己编写的祝福语，是祝福，更是心意，哪怕朴素简单，也能让朋友感受到你的真诚。

除了节庆祝福短信，想"重拾老友"，微信场面话也同样不能少。

对那些微信列表里较少联系的老朋友，如果不想以后的人脉网中"查无此人"，不妨隔三岔五问候两句，以节庆喜事、社会新闻、彼此近况、共同的朋友等为话题，简单寒暄，给彼此找到一个自然的说话理由，都是重新建立联系的好方法。

我们的人脉关系网，在线下，也在线上。联络感情的场面话如果没机会见面说，那就线上延续吧，别丢掉微信好友列表里的每个朋友。联系的机会多了，友情便会逐步升温。

第四章

求人办事，
感情与利益兼顾更有说服力

人在社会中生存，需要互相帮助才能克服重重难关。所谓"朋友多了好办事"，强调的就是人脉关系的重要性。而想靠人际关系成事，学会求人办事巧说话是关键。社交中，想揣摩人心说好话，掌握感情与利益兼顾的技巧，才能让你在求人办事的路上更有说服力。

放下架子，开口先给人面子

俗话说：做人难，开口求人更难。求人办事的难处，归根结底，还是放不下架子，抹不开面子。很多人在求人办事时，脸皮薄，爱"端着"，既不会说软话，又不会拿捏对方的心理，自然难以成事。

其实，求人办事的关键在于放下架子，给人面子。喜欢受"吹捧"是人

您老就别推辞了，这件事只有您能办，拜托了。

的天性。只要你在求人之前能够机灵地说好话，给对方适当的恭维，让人在与你对话的过程中获得心理上的满足，届时再顺水推舟，提出你想求人办的事。对方受了先前一通恭维，出于表现自己能力的心理，也会更痛快地答应你的请求。

然而，吹捧的话也要注意拿捏分寸，并非一味"送高帽""拉关系"就能达到求人办事的目的。所谓放下架子，给人面子，本质上是要我们在言谈之间给对方增光，说对方的得意事，满足其虚荣心。如果求人者没能调整好自己的心态，把握不好自身的定位，那好事也会坏在糟糕的话上。

说话的重点，在于选什么场合，捧什么人物，说什么话，因人而异，表达出自己很看重与对方昔日的交情，才能为接下来要求的事铺路。

失业中的李磊想求朋友帮忙介绍一份工作。来到朋友家做客时，看到客厅挂着的油画，这样赞叹："你这油画画得不错啊！当年咱俩同桌时我就觉得你有画画的天赋，记得学校比赛你还得过奖吧？要我说，你就算不开公司，以后当个画家，开个画展，也是一把好手。"

李磊简单的几句话，既点出了彼此的同学情谊，表明自己对对方的欣赏，

说话就要学会见机行事！

又给足了对方面子，在对方事业以外的特长上使劲夸奖，让同学心里的满足和骄傲感翻倍。李磊在后续谈话中请求工作的事，自然就水到渠成。

　　生活中我们求人办事，要想让对方感受到彼此亲近，觉得自己的面子受到照顾，就一定要学会谦虚说话，见机行事，做到刚柔并济。借环境中的摆件夸对方品位，借孩子的优秀夸家长教导有方，都是不错的切入点。你先给足对方面子，让对方在你的话里感受到高兴，何愁所求之事不成呢。

把握人心，夸人夸到"点子"上

　　说到委托人办事，很多人就会联想到小说、影视作品中溜须拍马、阿谀奉承的反派形象，认为那些奉承之言令人讨厌。尤其今天的年轻人，有自身的处世原则。

　　其实，这是一部分人对委托人办事说场面话的误解。委托人办事时的奉承，

你真是一个天才，这样巧妙地把自己的想法变成了实际。

并不是颠倒黑白、指鹿为马的博人欢心，而是读懂人心、巧妙捧人的说话技巧。只要把握对方的心理，根据实际情况，夸人夸到"点子"上，让对方从心理上感受到彼此的距离被拉近，那么把事办好就不再是难事了。

委托人办事不是简单的奉承拍马，要想不卑不亢地把话说好，把事办成，就要求我们以事实为依据，读懂人心，恰到好处地说出对方心里最想听、最受用的话。突出对方身上的特色，紧盯对方最得意的点来夸赞，为自己后续想要提出的要求进行合理铺垫。这时候，对方被你夸得满心欢喜，拒绝的话自然难以说出口。

王艳是一名艺术课销售顾问，无论她遇到什么样的顾客，都能把合适的课程推荐出去。她的秘诀业务量好就在于懂得把握顾客心理，在语言攻势下，让对方觉得课程有用，一定要报名。

王艳知道选择上门咨询艺术类课程的顾客，都是经济条件尚可，希望通过艺术课程，对自己音、体、形、美等各方面有一个提升。抓住顾客向往艺术、对自己素质有所期待的内心，王艳遇到咨询舞蹈课程的顾客，就会说："看

您身形真好，您以前就练过舞蹈吧？舞蹈学习贵在坚持，您这样的身形和气质，不练可就浪费了。"而遇到咨询美术课的顾客，就会说："看这孩子的衣着打扮，就知道妈妈有艺术气质，会给孩子搭配衣服。学习美术也是培养孩子的艺术气质的，有您这样的家庭熏陶，孩子再接受专业的训练，以后肯定能不错。"

类似这样的夸奖，说到顾客心坎里，一箭双雕地奉承妈妈又夸奖了孩子，家长心里受用，自然容易被说服。

适当奉承能让人获得心理上的满足。我们也不必堆砌华丽的辞藻，而是需要你找对吹捧的角度，分析对方想听什么。用对方身上的闪光点和他得意的事做话题，依据事实进行发散，让对方听得高兴的同时，还能感觉到你言语的真诚。这样聪明的场面话，一句抵十句，自然更容易让对方心甘情愿地答应你的要求。

情义当先，委托人办事别说成生意

人不能孤立地存在于社会中，我们周围有亲朋好友，有同学、同事，这些人共同组成了我们身边纵横交错的交际网，让我们获得欢乐、成长和帮助。

俗话说：在家靠父母，出门靠朋友。我们都有需要向亲朋好友寻求帮助的时候，人脉关系是我们社会生活的立足之基，正是这些亲朋好友之间的情义，让我们"行走江湖"时有了底气。然而，帮助是互相的，即使有情有义，我们委托人帮忙时也要斟酌说辞，让对方觉得因为你们关系够硬，才想帮你，

求人办事要有个好态度，情义为先，别人不欠你什么。

而并非为了功利。

试想一下，如果一个多年没联系的老同学忽然联系你，打来电话就直接说："我这有个项目想找人合作，咱俩这么多年的同学，你投资一笔入股呗？"恐怕你心里记起的也不是同学情义，反而会对这位"现用现交"的老同学十分反感吧？

委托人办事要以情动人，逐渐渗透。就像黄佐临导演的女儿黄蜀芹，她能获得钱锺书先生亲自授权开拍电视剧《围城》，就多亏了当年自己父亲结的善缘。

当年钱锺书先生困居上海时期，生活十分窘迫。单凭学术稿件的稿费难以维持家中生计，就连其夫人杨绛先生也要"卷袖围裙为口忙"。而钱锺书先生当时写的小说《围城》，因为难以配合商业写作速度的要求，也不能贴补多少家用。这个时候，黄佐临导演拍摄了杨绛先生的作品《称心如意》和《弄假成真》，且及时支付了酬金，才帮助钱锺书先生一家渡过难关。

多年之后，当黄蜀芹准备拍摄《围城》，希望获得钱锺书先生授权时，她并没有跟钱锺书先生谈拍摄电视剧的商业价值和片酬等事宜，而是怀揣着父亲的亲笔信，找到钱锺书先生，以情动人，与先生聊当年黄佐临的旧事。这样的情义让钱锺书先生多年之后难以忘怀，才亲允独家授权。

其实很多话，都不能事到临头才去说。要想别人能够帮助你，在平时就要学会用谈话和行动"储蓄"人情，让别人觉得你是个乐善好施、有情有义的人，这样到真正有事相求的时候，才能让对方觉得你是个值得帮助的人。

中国有句老话，"无事不登三宝殿"，这就是典型的平时人情功夫不到家。而现实生活中，这样的人也比比皆是。

小王在朋友圈中十分不受待见，大家都知道如果他主动打电话给谁，那准是有事相求了。曾经有朋友给小王打电话，想叫他出来参加聚会，电话打通后，朋友抱怨："你真是难请，怎么每次叫你参加大家的聚会，你都不来，也不跟我们联系？"

小王无所谓地说："反正也没啥事，有什么可联系的。"

一句话让朋友十分下不来台，客气几句就挂断了电话。

过了几天，小王主动给这位朋友打电话，说自己最近代理了一个产品，想让朋友帮着分销，还能给对方一些"提成"。虽然能够获得好处，朋友却还是委婉地拒绝了小王。因为小王功利心强、不值得交的印象，在以往的联系中就已经深入朋友的内心，自然不会想帮他办事。

如果想在委托人办事时更加顺风顺水，我们不妨平时就注意多与亲朋好友、工作搭档们"走动走动"。有空聊聊彼此的生活近况，对方遇到困难多支招安慰。对方生活中的任何关键时刻，你的情义言辞都不能缺席，这样等你想委托对方办事时，才能打好感情牌，不把求助说成生意，而让对方义不容辞地出手相助。

老兄，功利心不要太强，朋友不是到用的时候才想起来的。

巧妙示弱，激发对方同情心

　　情商高的人在委托人办事说话时，从来不会单刀直入表达自己的请求。相反，他们经常会先顾左右而言他，适当地说一说自己的困境和不易，用随和的语言和一筹莫展的态度，让对方产生共鸣，获取对方的同情，等对方被事先铺垫的语言打动后，再委婉提出自己的请求。

　　这样的说话方式就是利用了人的恻隐之心，只要能够巧妙地抓住这种恻隐之心，赢得他人的理解和同情，你所委托的事情自然容易达成。但事实上，

站在对方的立场上示弱，这话应该怎么说。

很多人想要委托人帮忙的时候，言谈间都会错误的示弱，只注重渲染自己"弱"的部分，而忽略了场面话中如何勾起对方的同情心，给人以"道德绑架"的错觉。

其实，你委托人办事时的言语示弱，到底是激发对方的同情心，还是让对方反感，关键在于你示弱的话是否站在对方的立场上来说。

委托人办事时，示弱激发对方同情心的话，经常会收到意想不到的奇效，尤其对情感丰富、心肠柔软的人，更容易打动对方，进而达到自己的目的。但是任何类型委托人的说辞都不是放之四海而皆准，如果你遇到的是态度傲慢、铁石心肠的人，这种求人方式就不太适用了。所以，在示弱说软话时，首先要看清你的"对手"，看对方的反应。

只要你因人制宜地站在对方立场，用不同的说话态度，表达出你的亲切随和，在示弱的同时动情入理，用双方有共鸣的点成功打动对方的情感，达成要求并不难。甚至遇到随和的人，对方还会因为你的说辞更主动地对你施以援手。

请将出马，激将之言少不了

人际交往中，我们能遇到形形色色的人，总有一些人属于"软硬不吃"的类型，委托他办事特别难。这时候你无论采用奉承吹捧的方式，还是好言服软的方式，对方都会反复拒绝，毫不动容。

其实，越是这样难请动的人，往往越有真本事。他们也不想轻易消耗自己的资源为你所用。请将出马，激将之言少不了。如果你想请动身边这种能力卓越，却不肯轻易伸出援手的人，不妨在与对方谈话时巧用激将法。先激

如果您觉得吴越联合可以与曹操抗衡，不如当机立断，与其绝交；如果您觉得没有与曹军抗衡的能力，还不如俯首称臣算了。

起对方的感情冲动，为你所委托之事铺好路，再"请君入瓮"，让对方主动答应来帮你。

长篇历史演义小说《三国演义》中，就有这样一段诸葛亮利用激将法，"求"孙权联刘抗曹的故事。在与孙权的谈话对局中，诸葛亮对激将之言的运用，让人拍手称绝。

委托人办事时，激将的场面话可以用于朋友、盟友、同事等很多交际对象身上。激将之言本质是对症下药，通过激发对方的自尊感、愤怒感、羞耻感、嫉妒心、要强心等，让对方在情绪激动或争强好胜的心态下答应你的委托。

比如，日常在办公室寻求同事帮助时，对待一些平时不那么乐于助人的技术"大神"，礼貌地说软话，请求对方帮你做一些事，远没有激一激对方有用。在与这类不好求的人对话时，不妨把"×××，麻烦你能不能帮我改一下这个设计图"这样的话，改成"×××，你帮我看看这张图怎么改好？小王说领导那一定不过稿，我跟他打赌，就没有你指导还过不了的设计图"。

改成激将的说辞，是不是效果比直接说更好？

这样刺激一下对方，让对方觉得你既信任他，又认可他的技术，他只有完成你的请求，才能证明自己的能力。原本是你委托他帮忙的事情，转而变成是他主动要做。这样既达成了你委托人办事的目的，又让对方感觉到被看重、被信任，而急于证明自己，可谓一举两得。

所以，委托人办事不必一味地服软奉承，不如把握对方心理，因人而异，采取激将法，也许会收获意想不到的效果，让别人变被动为主动，帮你把事办好。

权衡利弊，分析双方得失

在我们的人际交往中，会遇到形形色色的人，有人感性、有人理性。委托人办事时，如果不能把握对方的脾气秉性，就很难说服对方。所以，社交高手们在委托人办事的场合中往往会"双管齐下"，既和对方讲感情，又和对方谈利益。感情当作"敲门砖"，利益得失当作"撒手锏"，让对方精神情感和物质资源上获得双重的满足，这样委托人办事，才能更加进退自如。

《触龙说赵太后》这篇文章讲述的是触龙说服赵太后送长安君去齐国做人质的故事，就说明了在有求于人时，除了以情动人之外，权衡利弊、分析得失的重要性。

春秋战国时期，赵惠文王薨逝后，赵国出现乱局，秦国准备大举进攻赵国。当时摄政的赵太后不得已向齐国求助，而齐国要求赵太后送儿子长安君到齐国做人质，才肯出兵帮忙。

赵太后十分疼爱小儿子长安君，不舍得送儿子做人质，即使大臣们纷纷谏言，赵太后也一概不听。

某日左师触龙来见赵太后，他先寒暄说："我年老体衰，好久没来见太后您了，今天特意来问候一下您是否安康。"赵太后见触龙来问安，就顺便和他聊起了家常。触龙在言谈间表示自己很疼爱自己的小儿子，希望太后帮自己的儿子安排个好职位。三言两语，两人在疼爱小儿子的话题上就产生了共鸣。

顺着赵太后的心情和正在聊的话题，触龙说："父母疼爱自己的孩子，就会为他们做长远的考虑。您当初送燕后出嫁，虽然拉着她哭诉，惦念她嫁到远方，但后来在祭祀的时候，仍然为她祈祷，说希望她千万别回来，这就是在为她做长远打算呀"

"父母之爱子，则为之计深远"的说法打动了赵太后，在后来的谈话中，触龙虽然没有提起送长安君做人质的事，但是却由燕后出嫁，以及为自己小儿子谋职位的事聊起。触龙提醒赵太后，赵国建立后被君主封侯的人，在三代以后，很多人的子孙都无法享受祖先荫蔽，就是因为这些人的子孙没有功勋战绩。如今太后虽然能给长安君沃土珍宝，但长安君享厚禄却没有功绩，绝非长久之计。等到太后百年后，长安君将无所依托，这不是真正爱孩子的表现。只有让长安君趁现在为国立功，才是"爱子则为之计深远"的做法。触龙在闲聊家常、拉近情感的同时，给太后分析了个中道理，赵太后权衡一番，

最终同意了送长安君去齐国做人质。

我们不仅需要打感情牌，还要从理性的角度谈话分析得失利害，动之以情、晓之以理，营造出一种令对方无法拒绝的局面，巧妙地达到谈话的目的。

当代生活中，我们委托人办事也一样，如果你所委托之事是能够双赢的，并且在场面话中你能让对方明白他帮助你之后的获益，自然能更好地打动对方。

委托人办事的语言中，投其所好、避其所忌，在迎合对方的心理的同时，诱之以利，用感情和利益两张牌同时进攻，对方答应帮你做事后，也必然会更加诚心诚意、尽力而为。

一家宾馆的老板为了方便住客停车，想扩建门口的停车场，但是宾馆门口有一片区域是公共土地，同时归旁边的饭店所有，饭店老板不想因为扩建停车场而影响自家生意。为了顺利扩建停车场，宾馆老板找到了饭店老板，这样请求道："你的顾虑我理解，咱们现在生意都不好做，停车场施工确实会影响你的生意，但你我两家店所在的位置平时就停车难，一些顾客常因为

达到双赢，对方自然就同意了。

停车问题抱怨，甚至不来这边消费。如果能扩建停车场，方便顾客停车，顾客住宾馆势必要在附近解决三餐问题，你的饭店这么近，必然是首选，也是在为你的饭店引流而已。"

听了这番分析，饭店老板欣然同意停车场扩建的事情，二人协商融洽。

人际交往中，我们委托人办事的交谈，是个权衡利弊的过程。也是在打消各方顾虑，让所求之事尽善尽美，得到所有人的满意。不必一味求情奉承，也不需要完全利益相迫。只要你把握对方心理，把话说得入情入理，那么感性的人会被打动，理性的人会被说服，最后出手帮你，也是在情理之中。

莫忘恩情，让人情在感谢中延续

中国礼仪文化中十分注重情义，自古就有"滴水之恩，涌泉相报"的说法。获得别人的帮助，要心存感恩，学会投桃报李，这样才能让双方的感情在互动中得到延续。

然而，在当前快节奏的社交中，一些目光短浅之人，却常有"薄情寡义"的坏习惯。委托他人办事的时候吹捧奉承，事成之后立刻把对方的恩情和自

己说过的话忘得一干二净。甚至有些人因为别人没有帮他办成事，四处抹黑责怪对方。这样的说话行事会让人敬而远之，在人际交往中也容易被人诟病。天长日久，这样的人在人际交往中的"口碑"没了，再想委托他人办事，更是难上加难。

人们常说"风水轮流转"，这句话也同样适用于人际交往，谁都难说我们在何时何地会需要谁的帮助。所以，为了在社会摸爬滚打中少吃闭门羹，我们在委托他人办事时，无论所求之事成不成，都要记得"买卖不成情意在"，不要忘记感谢帮助过你的人。

你的谢意到了，才能让双方的感情延续下去。这样做，对我们拓展人脉关系，建立良好的社交口碑，也是极为有助益的。

吴迪毕业后找工作屡屡碰壁，父母为了他工作的事情操碎了心。后来听说一位远方亲戚有着深厚的人脉资源，帮吴迪推荐工作不是什么难事。于是吴迪和父母三天两头就跑到这个亲戚家送礼说好话，软磨硬泡之下，这位亲戚终于把吴迪推荐进了一家企业，并获得了一个不错的工作岗位。

顺利入职后，吴迪一家觉得对方本来就是个远方亲戚，没必要多走动，所以他们再也没去看过这位亲戚，甚至逢年过节，连问候的电话都没有。这亲戚对吴迪一家人不念恩情的冷漠做法十分寒心，于是经常向其他亲戚朋友抱怨，导致吴迪一家在亲朋好友中落了个忘恩负义的名声，后来他们家再委托他人办事十分困难。

有时候，亲戚朋友帮我们，并不是寻求我们回报，而是因为感情的联系。你一句"谢谢"，就能够让对方暖心，也能深化你们之间的关系。

社交中，我们都喜欢懂礼数、知感恩的人，所以委托人办事，千万别忘了在事后表达感谢。无论事情办没办成，你都可以在事后通过电话、微信、请吃饭闲谈等方式把感谢传达给对方。要注意多提对方帮你的辛苦，多讲自己真诚的感谢。这样不仅能体现你进退有度、知恩感恩，也能让帮过你的人感受到被尊重。你的每句感谢，既是你们之间人情往来的延续，也是对对方帮助你的鼓励。这样不忘恩情的好口碑在你的社交网中传开，你的人脉自然会越来越广。

第五章

面试谈出高薪资，巧妙抓住对方心理

　　国学经典著作《鬼谷子》中写道："故无目者不可示以五色，无耳者不可告以五音。"讲的是没必要给失明者看五色，没必要给失聪者听五音。换成今天的话，其实是强调"见什么人说什么话，到什么山头唱什么歌"。

　　面试也需察言观色，见风使舵。言谈进退有度，说出面试官爱听的话，赢得面试好感度，才能为谋得高薪高职铺好路。

拒绝千篇一律的无效介绍

　　面试是很多人步入社会后面对的第一场口才考验，但是参加面试的一部分人，难免有"怀才不遇"的郁闷，明明自己学历、能力样样优秀，为什么不能给面试官留下好印象，不能获得心仪的职位呢？

　　这多半是因为，这些人在面试时没说好话，千篇一律的自我介绍和求职陈述甚至不能让面试官留下一点儿印象，又何谈一试录取，高职高薪呢？

您好，我叫XXX……

面试和商业广告相似，目的都是在呈现、陈述中将目标产品推销出去，而面试场合中的产品，就是应聘者自己。

奥美前首席文案林桂枝女士曾在其著作《秒赞》一书中提到这样一个观点：文案必须对终极媒体，也就是人的心理有更深地理解。要抓住人心的关注点，用文字吸引对方目光，让人有眼前一亮的感觉，看到的一瞬间就想给你"秒赞"，这样才算成功的文案。

同样的道理，在面试这场自我推销中，你和面试官的交谈能否抓住对方内心需求点，有效地表现自己的优点，让对方想在心里给你"秒赞"，是面试成功的关键。而在这一谈话过程中，"王婆卖瓜"式出色的口才和面试场合中得体谈话的分寸感，缺一不可。即使是李白这样才情冠绝千古的大诗人，在求职路上，也有才华有余、分寸不足的时候。以古鉴今，他的故事能作为我们今天面试对话的警示。

在唐朝那个大放异彩的时代，李白还并不是今天我们熟知的"诗仙"，而只是一个虽有才名，却因身份家世等原因难入仕途的、郁郁不得志的诗人。恃才傲物的李白为了自己当官的梦想，也曾多次给权贵写自荐信，希望能获得一官半职。某次李白给当朝权贵韩荆州的一封自荐信中这样写道：世间精英都说就算不能封为万户侯，也要结交韩荆州您。他们夸赞您是当代周公，可以一句话改变英才们的命运。我知道一定有很多有才能的人也给您写过自荐信，但我敢说我一定比您过去见过的那些人都有才。希望您能备好酒菜接见我，让我展示才华，并让之前那些自诩有才的人来誊写我的诗文。世人都说您在评判人才方面最权威，既然您这么厉害，那就给我一个机会。我会是千里马，您就是伯乐。我这样的人被埋没了，那是因为之前没遇到您，现在遇到您了，我大放异彩的时候也就到了。

李白酣畅淋漓地展示了自己的才华，但是这封自荐信却石沉大海，没有得到韩荆州的回复。因为韩荆州在看到这样文采斐然的信时，即使第一印象觉得此人有才，令人眼前一亮，但也会被其狂傲的言论抹杀好印象。

我们今天在社会中参加面试时也是如此，能够打动人心的自我介绍是第一要素，而同样重要的是，在打破千篇一律的自我介绍的同时，还能够谈吐得体有分寸，给面试官留下好感，进而想和你成为同事。

遵循这样的原则，面试自我介绍中，我们不妨这样在对话中有效凸显自己的求职优势。

简历上已经写的内容不必重复，减少复述时间，给自己谈论优点留更多余地。

用场面话将面试官的注意力从你的基本信息，直接转移到职位优势上，并突出谈论自己引以为豪的项目、典型的职业经历，能够快速让面试官聚焦在你和所应聘职位的匹配度上。

面试时说话要有分寸感，并不是让我们谦虚低调地谈论自己的优点，而是可以从实际"战绩"出发，在谈话中多角度复述你的优点和成绩。面试官每天要面对很多求职者信息，一些不用心的介绍很可能被面试官遗忘。为了让自己区别于其他求职者，可以先初步介绍自己的优点，在接下来的谈话中，再用具体事例佐证。

"我曾经一晚上修改好 50 页 PPT"这种具体战绩，一定比"我擅长做 PPT"更容易给对方留下印象。

总之，如果在面试时能够运用好以上技巧，相信面试官一定会对你印象深刻，面试成功的概率也自然翻倍。

表里如一，让你的话更可信

　　如今社会招聘中，有"工作经验"已经成为很多企业筛选人才的硬性指标。出于效益考虑，很多企业并不想招完全没有经验的新人，因为培养人才需要耗费更多时间和精力。因此，"有经验"就变成了很多毕业生求职时的"敲门砖"，这便导致一些没有经验的职场新人，在写简历和面试谈话中，经常会给自己编造一些莫须有的工作经历。

您好，我是一名有着7年经验的软件工程师。

职场江湖，摸爬滚打过的人大多火眼金睛，所谓"行家一出手，就知有没有"。面试谈话中编造的工作经验，即使能帮你顺利入职，在实习期也会露出马脚，很容易在工作中被人拆穿，反而给人留下你说大话的坏印象。

有人会问，既然面试不能说大话冒充有经验，要想获得面试官青睐，岂不是陷入"鸡生蛋还是蛋生鸡"的困局？求职不成，何来经验？

没有经验的应届毕业生，如何打动面试官呢？

其实，有时候实话实说、表里如一，反而更能给面试官留下好印象。企业希望应聘者有经验，也是从能力、眼界、能否胜任工作等角度考虑的。只要你在面试谈话中能够展现出没经验不是你的短板，让面试官忽略你的经验，而关注你作为新人的其他优点，信任你能胜任工作，那"经验"就不再是面试的门槛。

面试成功仅仅是进入职场的开始，未来我们将面对更多的工作问题。所以与其在面试时装相、说大话，不如表里如一，用实话赢得信任，用实干赢得口碑，让面试时的好印象，成为你以后职场进阶的序幕。

没有经验或许是很多职场新人的短板，但是你在面试官那里表里如一的诚恳回答，也可能是打动面试官的金钥匙。在自我介绍中表达你对这份工作的热爱；在专业问答中展现出你虽然没有经验，却有专业而扎实的知识基础；在陈述职业规划时，谈谈你对成功的渴望，展现你求知好学的一面，同时拿出你曾经的实绩来佐证你的话，让你的陈述更可信。相信任何一家优秀的企业都不想错过你这样一位"种子选手"。

人人都爱"高帽子"

在心理学研究中有"社交商"这一概念，主要是指一个人对他人情绪进行识别和管理，且能够与他人和谐相处的能力。社交商是情商的重要组成部分，也是一个人能否在社会生活与他人的相处中获得更多认可的关键因素。如果你想成为一名成功的领导者，高明的社交能力必不可少。而对于普通的基层人员来说，培养社交商也能让你在职场人际交往中如鱼得水。

很多职场基层人员，在面试时都会面临此类困境：虽然获得了面试资格，

庸俗！你这年轻人，怎么能搞溜须拍马这一套？

我这也是顺势而为。

但谈话过程中，面试官似乎对自己的履历、能力并不是很满意，言谈间态度冷淡，而你又限于经验不足等原因，没办法用硬核实力打动面试官。

在这样的情况下，不妨试着说一些给面试官"戴高帽"的话。一句打动人心的好话，可能就让面试官对你的印象迅速转弯，助你获得心仪职位。

用花式褒奖之词笼络人心，其本质是通过看似不经意的恭维，消除我们与他人相左的意见和矛盾争端。在面试过程中，我们都难免遇到面试官与自己看法不同或对自己印象不佳的情况，这时候你就需要送对方一顶"高帽子"了。

比如，面试时毕业生小王就曾被面试官问过"你是否能够接受加班呢"这一问题。同很多年轻人一样，小王并不认同加班的企业文化，但如果直言表示不接受加班，又容易让对方产生不能吃苦、缺少责任感等不良印象。于是小王这样回答说："我觉得是否加班，主要和工作能力有关，像面试官您这样工作能力强，又经验丰富的人，想必日常工作中是不用加班的。但作为新人，我要学习和提升的空间有很多，还得和您这样的前辈学习经验，必要时配合工作，我觉得是一种责任，这没什么可犹豫的。"

一番对话中，小王没有用"是"或者"否"来直接回答面试官的问题，

这顶"高帽子"既夸奖了面试官，又抬高了自己，妙！

避免了谈话中的直接冲突。反而聪明地给面试官戴了顶"高帽子"，夸奖对方工作能力强、职场经验丰富，随后又谦虚地表示，如果对方肯让自己"学习经验"，自己能够配合，并表示出强烈的责任感。

寥寥数语，既委婉地表示自己不认同无效的加班，又让面试官有心花怒放的满足感，这样的好印象，自然能够为谋得好职位加分。

如果遇到面试忌讳的话题，或者想避免谈话冲突，不如迂回作战，在对话里隐晦地夸奖对方，或许能转败为胜，开辟新路。

扬长避短，让你的优点更耀眼

　　"能谈谈你的缺点吗？"是很多面试者在面试时都曾被问过的问题。虽然人人都希望在面试谈话中展现自己的优点，但从招聘企业的角度考虑，对方也一定想了解你的"短板"，提前在面试环节就做到规避风险，减少招到不合适人员的概率。毕竟人无完人，只有应聘者的缺点在公司可包容的范围内，入职以后才能更顺利地工作。

　　但总是有人在这样被问到缺点的面试对话中略显狼狈。一来，不能夸口

我这人有时候会有点儿固执，只要是我认准的事情，我一定会坚持下去的。

自己没有缺点，会给面试官不诚实、狂妄自大的坏印象；二来，也不能过于真实地暴露自己的缺点，缺点暴露后会让面试官心存顾虑，可谓搬起石头砸自己的脚，获得工作的机会、谈薪酬的筹码都会大大降低。

其实，倒也不必如此左右两难。面试对答中，如果被问到这样的问题，只要我们能够在谈话中有技巧地扬长避短，明说缺点、实谈优点，在说真话的同时，找到一个平衡点，让对方即使听到的是缺点，却能把更多关注放在优点上，那自然能够削弱缺点的负面影响，且依然能让对方感觉你的言谈诚恳与朴实。

面试场合应对面试官，一定要坦然承认自己的缺点，让面试官觉得你是诚实可信的，从博得认同的角度，让对方对你的话产生好感。再扬长避短，明说缺点，实论优点。

在诚实地表述自己缺点之后，可以将优缺点一起说，谈话中转移视线，说的缺点和所应聘岗位关系不大，但是带出的优点却和希望应聘的岗位关系关联密切，并且用具体的事例强化优点，加深面试官对你的印象。

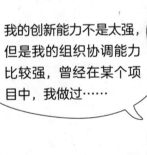
我的创新能力不是太强，但是我的组织协调能力比较强，曾经在某个项目中，我做过……

总结起来，面试技巧就在于避重就轻、扬长避短。坦白承认自己的缺点，表现你的真诚，让对方知道你能客观认识自己的不足，同时用缺点带出更明显的优点，让对方了解你有一定的长处，并可以持续改正缺点。在这样的对谈中，你很容易给对方留下具有成长空间和可塑性的印象，缺点自然变得无伤大雅，优点也更加耀眼。

好印象从志同道合开始

曾有人说："一个人如果能够管理他人情绪，那他一定是个高情商的人。"其实，语言是人与人之间相处最直接的沟通方式，所谓高情商谈话，很大程度上取决于我们与别人对话时，能不能很好地关注对方的情绪和交谈体验，让对方感受到被尊重、被理解。而职场面试中，让面试官觉得你尊重和认同他，是应聘成功的第一步。

职场面试时，我们所应对的交流场面必然是双向的。在这样既是发言者

朋友之间需要倾听，原来面试也要会倾听。

又是倾听者的环境中，要想给面试官留下好印象，让对方觉得你尊重且认同他，关键在于通过倾听对方的话，理解对方的思路，并接收到其想要传达的信息，在反馈时表达赞同，并锦上添花地说出你的理解。因此，要想演好"你说的就是我想的"这场面试大戏，学会倾听是基础。

沈聪第一次参加面试，为了有更成功的把握，他在面试前特意查阅了与面试公司相关的资料，并背了大量网上号称经典的"面试谈话模板"。怀着忐忑的心情，沈聪坐在面试官面前，心里还在复习自己准备的"资料"。没想到面试官剑走偏锋，并没有问那些常规问题，反而对沈聪一段实习经历很感兴趣，并不断提问。被打了个措手不及的沈聪，在整场面试中不断紧张走神，既没听清楚面试官的问题，又回答得磕磕绊绊，惹得面试官十分不悦。一场面试草草结束，沈聪也与入职无缘。

其实，正确的面试回答，并不在于你说出的答案多么"标准"，因为面试谈话本就是因人而异，没有标准可言。面试官更在意的反而是你回答的是不是他满意的点。像沈聪这样连"听懂"都不能做到的，所给出的回答自然

也是离题千里了。其实，很多时候，面试官满意的答案不在别处，就藏在他说过的话里。

职场面试中，不要害怕自己没经验、不专业，要想给对方留下好印象，有很多其他方法。如果你并不是资深职场人，没有见招拆招的水平，那不妨先仔细倾听，积极地配合面试官，让对方从你的眼神、表情等肢体语言中感受到尊重。就着面试官的问题阐述自己的观点，并穿插一些提问，既让对方觉得你没有漏掉他的话，又能试探面试官的想法和反应。最后，把对方表达过的观点，加工成自己的看法说出来。

这样一场让面试官觉得你既能尊重倾听，又与自己的想法相似的谈话，自然能为你的职场生涯开个好头。

面试不是应试，是真诚的交流

　　"能不能谈谈你从上一个单位离职的原因？"这个问题是求职者们面试时经常被问到的。在当前职场中，跳槽已经成为一种常态，很多年轻人更是认同"工作不顺心就换，下个没准更优秀"的观点。但是如何在下次面试时，体面地说出自己上次离职的原因，并获得面试官的认同，则往往决定了你能否被成功录用。

我家离单位太远，来回需要2个小时，我想找个离家近点儿的单位。

很多求职者在谈到过往离职的原因时，因为怕影响面试官对自己的印象，经常会编造一些原因，把离职推卸给外界的因素，比如，单位离家远、结婚带孩子、公司业务转型等。这些场面话虽然不会影响面试单位对你的道德的评价，但实际上，如此模板化地回答，也是很多身经百战的招聘者根本不相信的。

面试被问到过往离职的原因时，敷衍作答、胡编乱造有时可能适得其反，让面试官觉得你有所隐瞒，很不诚实。其实，面试场面话中，美化离职原因的方式并不是只有说假话一种。你的离职原因一定包含你难以接受的点，为了不在新公司重蹈覆辙，要学会"假话全不说，真话不全说"，把你忍受不了的离职原因说成你的优点，让对方觉得你在真诚地沟通交流，也许会获得更好的求职效果。

我希望换个新环境，给自己更多的发展空间。我觉得贵公司的管理理念和我的求职目标很匹配，希望能够加入。

总而言之，面试被问到离职原因这类敏感问题时，要记住，面试不是应试，没有标准答案。

学会真诚地交流，把你的诉求渗透谈话中，让对方了解你，同时用离职原因提升自己的价值，让对方听到真相，感受到你的诚实，同时能将关注重点拉回到你未来创造的收益上，这样你的职场升迁之路，自然能节节攀升。

才能展示，画龙点睛很重要

面试过程中，除了让面试官迅速记住自己外，如何彰显独特才能，让面试者眼前一亮，从而留下"非你不可"的印象，也是对很多求职者的一大考验。

众所周知，很多求职者在参加面试过程中都很容易紧张。这样的情况下，一来容易头脑发热说错话；二来容易将紧张、拘束的情感传递给面试官，让对方在谈话的过程中也变得尴尬不自在。到时候，别说让面试官注意到你的才能，就算想留下好印象，也会十分困难。

　　所以，最好的面试氛围，就是双方都能落落大方地说出自己想说的话，在和谐、融洽的气氛中进行沟通。而想营造这样的氛围，给你的才能画上点睛的一笔，就要学会在面试时运用你的幽默细胞，让面试官对你另眼相看。

　　职场面试中，需要我们有临场发挥的能力，能够巧妙说话，为自己平平无奇的履历增加一些让人记忆犹新的亮点。当今社会，实干的人有很多，有时候面试官更想在"实干派"里找到更特别的人才。

　　我的朋友就曾成功应聘了一家音乐公司的岗位。当时，竞争同一岗位的应聘者有很多，进入复试的人，专业能力都差不多。在面试时，面试官提出这样的问题："请用一句话展示你的幽默感。"

　　朋友立刻站起来，假装手中有吉他，边假装弹奏，边唱了一句："原谅我这一生不羁放纵笑点低！"正是这句歌词，把在场的人都逗笑了，收获了面试官的好印象，也让朋友最后顺利获得工作。

　　这位朋友面对提问，应景幽默，巧妙地化用了一句黄家驹的歌词，同时又带着表演，展示出自己在音乐方面的专业能力，最终取得了锦上添花、画龙点睛的效果。应聘中的我们，不妨也在对话中增加一些幽默的语言、临场发挥的智慧。

你说面试时要带点儿幽默，可我面试时只剩紧张。

面试求职路上，很多时候，一群应聘者才能相当、履历类似，在面试官心中的初试分数或许差不多。当身处这样强者对局的竞争中，硬核才能也许并不能让人一眼看到你。不妨用幽默给面试对话加一点儿"彩蛋"，借现场人、事、景、物为话题，委婉地说出自己的目的，展示自己的才能。这种诙谐幽默和处变不惊的答话，很可能变成你区别他人的点睛之笔，让面试官看到你身上的独特光彩。

第六章

不做职场"边缘人"，有效对话为你的事业加分

很多职场老实人奉行"多干活、少说话"的原则，认为少参与职场社交就能避免不必要的争端和麻烦。殊不知，只会像老黄牛那样埋头苦干，而不懂得与人沟通的技巧，最容易沦为职场"边缘人"，但凡有点儿风吹草动，总是最先遭殃。

职场生存之道，不全在谨言慎行，更要靠言之有道。学会有效对话，不但能帮你获得好人缘，更能帮你给事业加分，一路通关。

说好职场话，职场生存有术

　　某本社会学书籍中有过这样一句话："对一个职场人而言，智商决定你是否能被录用，情商决定你是否获得晋升，社交商则决定你是否能成功。"

　　职场人际交往中，体面周到地应对各种同事是一种能力的体现，但这种能力并不是与生俱来的，而需要我们在不断与人交流中习得。

　　一些智商较高、能力更强的职场人，很多时候也会忽视自身社交商的养成。

看您这几天工作效率这么高，可比我强多了。我觉得自己还得多向您取取经，要不然这周的任务都够呛能完成。

他们经常会犯一个错误，认为只要自己在工作中出类拔萃，比别人优秀地完成任务，就能够获得升职加薪的机会。但是他们都忽略了一点，职场从来不是单兵作战的场合，需要各部分协作分工，才能让公司这个大机器运转起来。任何一枚优秀的螺丝钉，都不能脱离其他零件而单独工作。所以，职场中学会说好话，与其他人和谐相处，甚至善于用好好说话获得周围同事的帮助，才是真正有能力的强者。

社交商支撑下的职场生存之术，很多时候并不需要我们锋芒毕露，学会自谦地抬高别人，在活络的气氛中和同事们打成一片，才能帮你获得更多职场"战友"。

在新环境中，培养自己的社交商，善于说好话，和大家打成一片，才能为自己铺好更远的路。如果你是个聪明人，想在一个新环境中如鱼得水，甚至获得更多的升职机会，就要学会把周围人尽量变成你的助攻。

一方面，融入新环境，你要收起锋芒，这个世界，从来不缺一些有能力的人，但既有能力又会做人的人却并不常有。抛开你的畏惧心、自大心、戒备心，在和同事交流时谦虚谨慎，多说对方爱听的好话，不着痕迹地恭维对方，

听君一席话，胜读十年书，今天与您交谈，我受益匪浅。

让对方成为你在新环境中的引路人，在与其交往中获得更多新环境的信息。

另一方面，平时找机会和同事交流、探讨，表现出你需要帮助和强烈的求知欲。"好为人师"是大多数人的通病，人在被求助时经常会有一种成就感，而你对他适当地求助，对方获得了成就感，便愿意和你亲近。随着关系不断亲密，你再适当地关心对方，聊聊生活和日常。这样反复的交谈和沟通，能很好地增加人与人之间的感情。

总而言之，你先应主动求和，说话聊天和别人打成一片，如此一来，别人自然也会慢慢接纳你，职场友谊，指日可待。

有备而来，张口不尴尬

在办公室交谈，很多人会觉得这有什么难的，不就是"八卦逗趣扯闲篇、逢迎恭维说好话"，这谁不会呢？

其实，职场交谈想要说好可没那么简单。每个公司可能都会有那么几个"话痨"，客气捧人做场面，热心帮忙出主意，但凡涉及办公室交际的事儿，场场落不下他，但最终还是难以赢得好人缘。其问题的关键就在于，他们说

的话都是无效输出，不能给他人带来有效的帮助。沟通说不到人家心坎儿里，说得再多也只能适得其反，难以赢得别人的信任和青睐。

职场话，说的目的从来不是"说话"本身，而是要通过说话这种方式促成合作、达成目的。你要有备而来，摸透对方的脾气，从把别人说服，到把别人说心动，才能水到渠成地达成自己的目的。

要想做个职场社交中有眼力见儿、会说话的人，我们不妨学学下面这招：有备而来，攻人攻心。

张曼玉主演的电影《白玫瑰》中有这样一个片段，扮演保险推销员的张曼玉来到客户家推销保险。客户对投保并无兴趣，甚至有些看不起上门推销的张曼玉。为了讽刺张曼玉扮演的推销员，客户拒绝她之后，扔给她一枚硬币，说当作送她回家的路费。

电影中被羞辱一番的推销员很生气，本想愤怒离开，但是她在转身出门时，看到了客户办公室里一张孩子的照片。推销员猜想，这应该是客户的孩子，能摆在办公室显眼的位置，说明客户很爱他的孩子，于是她灵机一动，瞬间改变了想法。

只见张曼玉扮演的推销员对着孩子的照片深深鞠躬，并惋惜地说了一句："对不起，我帮不了你了。"

这一举动让客户大为吃惊，立刻叫住她，要她给个解释。这位推销员抓住机会一番陈述，最后终于促成了这单生意。

张曼玉扮演的这位保险推销员之所以能成功，关键在于她有眼力见儿的细心观察，通过观察孩子照片，做好从孩子做切入口的推销说辞，直击客户内心，用客户对孩子的情感打动对方，消除对方谈话的抗拒心理。这样用一两句场面话勾起对方内心最柔软、最关注的点，对方的目光和情绪自然被调动，起来主动参与对话的情况下，达成推销的目的，也就并不难了。

职场社交中，无论是需要对方帮助、认同或合作等情况下，和对方对话"打直球"，很可能会有被拒绝的风险，如果沟通不顺畅，还容易造成双方争执，不欢而散。不如先对对方进行观察和揣摩，摸透他的意图和观点，把握好他的内心情绪和心思底线，再有的放矢地把握他的内心关注点，说明自己的意见和主张。用适当得体的话达到"驭心"的效果，从而进退自如地控制对方，让对方在谈话间不自觉地走入你事先规划好的事件中，这才是职场谈话的高境界。

这是我对您提案的几点想法，欢迎批评指正。

职场中，人人都对外界抱有防备心，人人都渴望被理解。如果你能在职场谈话中做好准备功课，有备而来，找到你的谈话点和对方情感的共鸣，那么就能很好地拉近彼此间的距离，打破"尴聊"的窘境也不再是难事，你的谈话目的也将能更顺利地实现。

先"得体"再"得心"，职场幽默要有分寸

职场中，幽默风趣的人往往更容易获得别人的好感。喜欢开玩笑的人，能够调节气氛、缓和尴尬，很多困局和僵持也能被他们博君一笑的技巧性发言轻松化解。身边有这样的同事，更容易给工作环境带来如沐春风之感。

然而，职场社交中，幽默的巧言妙语是一种艺术，需要用对场合和对象。如果在开玩笑时不会把握分寸，很容易适得其反，让别人反感。尤其和领导开玩笑，甚至有可能冒犯对方尊严，导致职业危机发生。

你年纪轻轻的，怎么牙口磨损得这么厉害？

天天被审计追着，恨得牙痒痒，就不停地磨牙！

我们讲究亲疏有别、张弛有度，幽默是社交利器，能够帮你俘获人心，但我们也要注意职场玩笑的得体和适度。好的玩笑叫幽默，能够拉近彼此的关系，而不恰当的玩笑则可能弄巧成拙。

然而，当代职场社交生活中，作为普通人的我们，为了避免不恰当的幽默给自己招灾惹祸，要记住，职场中先"得体"，再"得心"，先保证你场面话中的玩笑处于对方能接受的范围内，给对方足够的尊重，再考虑用幽默感俘获人心，拉近彼此间的距离。这样才能帮你正确地打开职场人际网。

高情商的职场人，场面话中的玩笑都会自带分寸。如果你想得体地运用你的幽默感赢得别人的好感，首先要注意玩笑不"揭短"。如果看见身材肥胖、穿着粉色连衣裙的女同事，你若打趣对方像个"花枝招展的小猪"，那就不是玩笑，而是一种冒犯了。同样开玩笑，如果说"看你这喜气洋洋的样子，穿新裙子是有啥喜事吗"或许会让同事听完变得开心，跟你聊聊她的"喜事"，让你们的关系更加深一步。

同样，在与领导开玩笑时，也要注意把握度。职场关系中，身居高位者更希望能从下属那里获得尊重和敬仰。所以与领导交际的说话"得体"，体

你在职场这么多年了，年轻那会儿和现在有什么不同？

头顶越来越亮了！

现于在任何场面中都给领导面子，开玩笑也要注意不能没大没小、毫无顾忌。学会在幽默中不着痕迹地抬高领导，表达出你的夸奖、敬仰、尊重与认同，才能让领导因为你的幽默高看你一眼。

所以，为了让职场社交一帆风顺，你的幽默感要有分寸感，点到为止、含蓄得体，才能让别人觉得你俏皮可爱，赢得更多信任与好感。

"八卦"有度，办公室话题别乱说

　　工作之余聊聊"八卦"，既能互通工作中的一些信息及"情报"，又能通过聊"八卦"这一过程促进情感交流，让人与人之间的感情更亲密。

　　但是，聊"八卦"是一把双刃剑，把握不好分寸，很有可能惹火烧身，招来麻烦。

　　办公室人多口杂，很多细微的问题，一旦被有心人添油加醋进行传播，

"八卦"可别瞎聊，
搞不好会变成炸弹。

都可能引起轩然大波。有些话是你茶余饭后的谈资，但让当事人或者其他人听到可能会感到沮丧或者尴尬。还有些话从你口中说出来后，周转一番则可能变了味道。

社交生活中，人与人之间的感情十分微妙。彼此脾气相投，互聊"八卦"可能让人当你为"自己人"。但如果你经常口无遮拦，也容易让人对你产生不可信任的坏印象。所以，"八卦社交"虽好用，关键还在于度的把握。办公室话题不能乱说，是对他人的尊重，也是对自己的保护。

这一天，领导让小于帮忙定两张机票，小于热心地问："您这是要跟老公出去旅游？"

平时就和小于闲话家常聊惯了的领导回道："嗯，下周是我们结婚十周年纪念日，想好好庆祝一下，顺便休假。正好最近项目快要收尾了，也没什么大事，我早走两天。"

小于前脚刚帮领导订完机票，后脚就和办公室同事"八卦"起来："真羡慕领导，下周能休息去马尔代夫旅游，咱们还要在这做项目收尾，命苦啊！"

这一番无心地抱怨，却被其他部门的人听到，并捅到了公司高层，让这位领导落了个工作不负责、提前休假的话柄，影响十分不好。

被小于无心闲聊坑了一回的领导，随后在某次工作指派中跟小于说："连定个机票这种简单的小事儿，你都办不明白，以后重要的工作我哪敢放心交给你，还是算了吧。"后来很多重要工作，领导也不再交给小于处理，她升职加薪的机会自然也泡汤了。

像小于这样的职场人，成在聊"八卦"，败也在聊"八卦"。消息灵通地闲聊，既能为她赢得领导青睐，也能让她失去领导的信任。以小于为戒，职场"八卦"虽能聊，但要懂得如何拿捏分寸，才是为人处世的关键。

别人的私事不要聊。职场就是竞技场，同事之间是合作关系，也是竞争关系，谁也说不准什么时候、什么人会突然变脸。无论是自己的私事，还是别人的私事，拿到办公室聊，都会暴露更多隐私。一旦对手发出攻击，这些私事、信息都会成为靶子。

"八卦"聊得多只会让你四面树敌，还是别聊了。

敏感信息少打听，祸端别从自己口中出。职场中多数老板都忌讳员工攀比工资奖金，而很多"包打听"总热衷于这方面的信息。实际上，无论是为了减少同事之间的矛盾，还是避免给老板"惹祸"，工资奖金、人事变迁等敏感信息，都不适合作为八卦来谈。即使有人问你，也要及时打断对方，而作为被问者，为了化解尴尬，避免直冲对方，也可以调侃回答"哪是工资，也就是个零花钱""工资啊，够叫外卖，不用吃土了"等，这样幽默地回复，委婉回绝，也是职场"八卦"中既能拉近关系，又不至于埋下口舌祸端的取巧办法。

学会这样有分寸地"八卦"，以及在场面话上"打太极"的说话方式，才能更好地明哲保身，既不让自己被"八卦"所伤，又能和别人有话可聊。

七分靠努力，三分靠汇报

　　无论是新手小白还是职场达人，很多人都面对这样的问题：加班加点努力干活，却难以得到老板的赏识，甚至很多努力，老板根本看不到，这样如何升职加薪呢？

在今后的工作中，我们的团队将继续密切关注工作的实施，争取更好地完成上级分配的任务。

　　在当今激烈的社会竞争中，默默无闻埋头苦干的员工早已不吃香。妥帖地完成本职工作仅仅是职场生存的基础技能，不能让你升职顺遂。如果你不能让领导看到你的成果，不能把你工作中的精彩展示出来，那么付出再多的努力，也不过是无用功。干得好不如说得好，这里送大家一个职场进阶秘籍：七分靠努力，三分靠汇报。会向领导汇报的人，有时不但能升职加薪，甚至可以消灾解难。

职场生活中，有些员工能力有限，难以达到领导的高要求；有些员工默默无闻，只会埋头苦干；还有一些员工喜欢贴边站，总是做职场"边缘人"，这些都是职场大忌。要想做受领导青睐的中流砥柱，就一定要说好职场话，在适当的时候让领导看到你的努力，肯定你的价值和贡献。

日常工作时，适时地跟领导汇报你的工作进度，言谈间注意事事有交代、件件有着落，让领导时刻了解你做到哪一步，完成什么样，这样不仅能够给领导留下深刻的印象，还会让对方觉得你是靠谱、专注工作的。

汇报工作要及时，这也是避免出差错的好方法。

如果遇到工作不好推进也不要一条路走到黑，只按照自己的想法去开展工作。不妨及时与领导进行沟通，在说话时先表明，为了完成这些工作，自己已经进行了哪些努力和尝试，并暂时取得了哪些结果，让领导能够清晰地意识到你肯"拼"，只是遇到工作瓶颈，需要与他探讨。这样不但及时与领导沟通了工作，避免了差错的出现，还能够因为你及时的汇报和求助，获得领导的指导。这样的汇报甚至可以增加你与领导之间的亲密程度，让你们的职场关系更紧密。

职场中，七分努力是基础，三分汇报引关注。在汇报中巧妙地抬高自己，展示工作成果，才能让领导看到你的付出，给你的职场竞争力加码。

为领导解围，给自己加分

"打圆场"一词，出自清代李伯元的著名谴责小说《官场现形记》，指的是从善意的角度出发，调节人际关系、缓和紧张气氛的一种语言行为。打圆场这种行为在社会交往中是具有积极意义的，可以说，打圆场既是为他人解围，又是为自己铺路。

职场生活中，无论你是高层领导还是基层员工，都难免遇到自己搞不定的尴尬局面。这时候，如果有人能够从中斡旋，或是给个"台阶"，就能很好地避免双方陷入僵持境地，也能给事情一线转机。

人际交往中，善于帮别人解围、打圆场的人，可以得到更多的赏识和好感。

这项工作，谁在负责?

这件事我没有参与，应该是小张负责的，我先找小张核实一下，再向您汇报，您看行吗?

一句打圆场的话，在拉高自己的人缘魅力的同时，也能让被帮助者更加信任你。尤其在职场上下级关系中，懂得维护领导面子，说好话打圆场的人，通常都更容易赢得领导的好感，甚至会给职业生涯添上一笔亮色。

纪晓岚这样深得皇帝信赖的人物，其仕途通畅，有赖于自身才华能力，更与其会说场面话、善于打圆场密不可分。

众所周知，清朝的乾隆皇帝对自己的文韬武略十分自信，尤其在诗文方面，更自视甚高。但实际上，乾隆皇帝在诗词造诣上并不到家，作诗尴尬卡壳的时候，也不在少数。

据说某年冬天，乾隆去杭州西湖微服私访。正赶上西湖大雪，望着纷纷扬扬的雪花，乾隆诗兴大发，即兴赋诗道："一片一片又一片，两片三片四五片。六片七片八九片……"说到兴处，却忽然卡住，作不出下句了。随行人员都看向乾隆，这样的尴尬时刻，站在一旁的纪晓岚立刻接到："飞入芦花都不见。"乾隆听后哈哈大笑，随行众人也纷纷夸奖此诗巧妙而颇具韵味。

纪晓岚接的句子一出，乾隆勉强说出的前三句，顿时才有了点儿诗的味道。而因为纪晓岚及时解围，乾隆也不至于在随行众人面前丢了面子。虽然这个故事在民间所记录版本众多，是否为实也有待考证，但是从这个故事中，我们还是能认识到，做一个能够在领导深陷尴尬时打圆场的人，自然能够获得领导的好感，为自己赢得更多机会。

俗话说："金无足赤，人无完人。"即使是领导，也会犯错误。而如果你能够在这时候及时维护领导面子，帮领导找台阶下，解决问题，领导也会对你心存感激。相反，那些不能在关键时刻顶上，反而"卖了"领导的人，职场中路途坎坷，也是必然的。

小曲在某设计公司做总经理秘书，因为一批产品存在设计问题，引来很多记者围堵在公司前。小曲认为自己只是个小职员，担心答错问题引火上身，所以在遭遇记者追问时，回答道："相关的问题我不清楚，你们可以采访我们经理。"随后，小曲在没和经理沟通的情况下，擅自放记者进公司采访，搞得经理焦头烂额。事后小曲也被总经理解雇了。

像小曲这样不会打圆场的人，不但给别人添了麻烦，也害自己丢了工作，是我们要引以为戒的。

其实，在职场社交中，为领导打圆场，考验的是一个人面对突发情况随机应变、化险为夷的能力。

随机应变，讲求声东击西、转移注意力。如果领导陷入尴尬、被人将住，作为下属不妨顾左右而言他，转移其他人的注意力，把大家的关注点引到自己或其他人身上，给领导喘息和思考的机会，如果你说的话，能巧妙地转移视线，可能别人会忘记刚才的事情，领导的尴尬问题自然就解决了。

而化险为夷，考验的则是解决问题的能力。如果领导陷于某些骑虎难下的境地，或者现场局面紧张、双方都剑拔弩张时，那不如用"领导，你一会儿还有个重要的会议，时间差不多了"这类话为事情发展留一点儿时间，也是迂回解决问题的一种办法。

这样在关键时刻给领导打圆场、找台阶下，领导必然会记得你的机智和闪光点，对你心存感激，而领导的每次感激，都将是你职业生涯中的转机。

公司请你来不是制造麻烦的，而是解决问题的！

说好职场话，日后好相见

职场社交中，同事之间意见相左发生争执，或者领导教育批评下属，都是很常见的情况。但每个人都有自尊心，不希望被别人批评。即使是上下级关系，受到批评也未必会心甘情愿接受。因为职场中的批评涉及自尊，口不择言地批评，往往和打对方脸画等号，如果分寸拿捏不当，很可能被对方记恨，寻常的批评最后变成自己在职场中的隐患。

其实，职场中无论是工作争执还是批评教育，我们的目的都不是伤害别

暗示比明示好，巧妙地避开说话的雷区。

人，让别人下不来台，而是想通过争辩、教育、批评去解决问题，改正错误，最终达到自己的目的。那么，没必要在言语间逞一时意气，惹对方不快。用对方更容易接受的温和的方式表达自己的意见，暗示对方改正错误，才是更高明的职场沟通方式。

很多人都有在办公室吃早餐的习惯，姜悦也是其中一员。在一家金融公司就职的姜悦，因为家离公司比较远，经常拿着早餐踩点上班。开始工作后，她习惯边吃早餐边给客户打电话或整理日常工作，整个早餐断断续续要一个小时才能吃完，十分影响工作效率，早餐的气味也惹得其他同事不满。

某天，部门经理又看到姜悦边整理报表边吃早餐，本想训斥她一下，可转念一想，在办公室公然批评对方，可能让小姑娘下不来台，影响其工作情绪，还会显得公司不近人情。于是经理走到姜悦工位前，假装路过，笑呵呵地说："吃早餐呢？看你经常吃这家，味道不错吧？我早晨上班也总赶时间，都没空吃早餐。小姜，你明天早上也顺便帮我带一份早餐吧，买回来转账给你。对了，稍微早点儿，我明天上午有会，早点儿吃不耽误开会。"

听到经理的话，姜悦欣然答应，为了不负领导嘱托，第二天她很早就到公司了，给经理带了早餐。拿到早餐的经理转账给小姜，顺便提醒："你以后也早点儿吃，别每天呼哧气喘地吃早饭，对胃不好，等你像我这个岁数，就知道好好吃早饭的重要性了。"

连着两天受领导提点的小姜，这才回过味儿来，自己每天在办公室吃早餐确实影响不好，经理是在善意地提醒自己，于是她不好意思地点点头，保证以后注意。

在这件事情中，作为小姜的领导，经理完全可以直接批评她，并在办公室立威，不允许大家上班时间吃早餐。但这样训斥很容易激起一些员工的逆反心理，而且本来是一件小事，大动肝火实在没有必要。所以经理采取暗示的方法，不但让小姜认识到错误，也顾全了彼此的面子，可谓双赢。

俗话说："良药苦口利于病，忠言逆耳利于行。"职场社交中，无论你是领导还是下属，对待同事还是上级，言谈举止掌握分寸，用温和美妙的语言表达自己的意见，让对方感受到你的动机是好的，同时也能更心平气和地接受你的建议，最终达到纠正对方错误的目的。

职场中求上进的人都不会抵触别人善意的批评，他们不满的往往是过分激烈的批评方式。所以，在说一些伤害别人自尊的话时，不妨站在对方的角度思考问题。先考虑对方的性格、习惯、接受度，再思考如何减少自己批评话语中的攻击性，更多地采取暗示、旁敲侧击的方式，让对方意识到你是在帮助和提点他，而不是故意给他下绊子。这样对方不但会改正错误，还会对你的提点和帮助表示感激，而你在对方心目中，自然会被归入可结交、心肠好的范畴。

所谓凡事留一线，日后好相见。职场递忠言，说好职场话，不仅能保全别人颜面，也能给自己塑造善良亲切的好形象。

第七章

会议桌上讲方法，
迂回变通有效果

　　会议谈话是一门艺术，既需要把握先机，又需要平衡各方。我们需要心中有计划，嘴上讲方法，才能在职场纵横捭阖中既达到自己的目的，又不伤害他人，进而获得好人缘和好印象，达到意想不到的效果。

言之有物，让目标对象认同

在职场会议中，无论是公司内部开会，还是对外与客户开会，很多人都存在这样一个问题——急于在别人面前表达自己的观点，迫不及待地说服领导，急不可耐地劝服客户，很怕自己少说一句话，就会丢失一次打动对方的机会。然而，口若悬河一通表达，却并不能让对方认同你，甚至有时还会落得个缺乏重点、浪费时间的差评，引起对方的厌烦心理。

心平气和地反思一下，我们就会发现，很多时候这样急于求成的发言，并

不能达到我们预想中的效果。你说的仅仅是你自己急于表达的，而未必是你的"目标听众"想听到的内容。错位沟通的后果，自然是不欢而散。所以，我们不妨换位思考，想想会议对局中，对方更爱听什么。再把你要说的话融入对方想听的话里，让你的说辞言之有物、有的放矢，或许会收到意想不到的好效果。

某主持人擅长主持文化访谈类节目，经常要和一些文化名人或知名学者开会，每次开会时如何打开对方的话匣子，引导对方说出有价值的访谈内容，是她的工作重点。为了顺利录制节目，这位主持人有一套自己的聊天方式，不但能从容对答各领域专业人士，还能让接受访谈的人觉得聊天舒服，敞开心扉。

某次采访一位知名先锋音乐家，这位主持人其实对音乐知识并不十分专业，又因访谈时间紧张，无法提前做更多功课。于是，在访谈现场，就出现了下面这样的对话。

音乐家："有一阵子不是特别盛行录音嘛，就出现了一批'棚虫'，我也是其中之一，就是因为这个契机，开始做中国流行音乐，当时也写了很多电影音乐。"

主持人："'棚虫'？那您算是第一批'棚虫'喽？"

音乐家："嗯，对，其实'棚虫'是个调侃的说法，就是整天在录音棚里扒唱片的人，那时候唱片还是要扒的。"

主持人："您说到扒唱片我就知道了。我还记得×××的一首歌就是您这样填词的，能跟我们讲讲那段经历吗？"

这个问题一下子打开了对方的话匣子，让这位音乐家乐于分享当年的光辉岁月，随后两人兴致勃勃地聊起来。和谐的谈话氛围中，主持人和这位音乐家的距离被拉近了，谈话也顺畅起来。

分析上面这段对话，这位主持人对音乐家的访谈顺利，很重要的原因是她会调整自己说话的用词和内容，在谈话中说一些对方在之前谈话中说过的专业词汇，制造自己很"专业"，和对方有"共鸣"的场面，进而给对方一种亲切感，并让对方觉得自己言之有物，是能够对话的人，双方的谈话自然能水到渠成地进行下去。

其实，在职场会议中，我们也可以尝试这种方式。可能我们并不能在任何场面中都总揽全局、博闻强记，不能完全把握目标对话人的关注点。但是我们可以挑选不同词汇，让对方"感觉"你言之有物。

当你要开口时，你的话必须要比沉默更有价值。

当会议谈话中出现的内容是你不能完全把握的时候，可以尝试重复刚才对方在谈话中说过的术语、口头语或者是观点，用自己的话进行复述。这样不但能够让对方在七嘴八舌的会议谈话中注意到你，觉得你很亲切，也能让对方因为与你的观点类似，觉得你们"英雄所见略同"，更容易在接下来的谈话中获得对方的肯定。

另外，除了把对方的话化为己用、显示自己言之有物外，还可以用逻辑总结的谈话方式。会议上经常有人东拉西扯说很多，却难以让别人抓住重点。你不妨做那个"结案陈词"的人，认真倾听每个人的会上观点，适当的时候用系统性、逻辑性的简洁语言总结出来。这样"借花献佛"，巧用别人成果，又能表现自己的干练睿智，也能有效帮助你提升职场影响力，成为会议对局、访谈辩论、工作对接等场面中吸引众人目光、获得好评的人。

观点不同？不如欲抑先扬

　　曾有一项心理学研究表明，人们并不喜欢被否定或被指责。被他人否定或指责容易引起当事人的愤恨心理，进而导致情绪低落、行为消极，产生更多负面情绪。而实际上，我们经常处于"旁观者清，当局者迷"的状态，在社交生活中总是更容易发现别人的问题，却对自己的错误觉察不到。这就导致人在社交过程中经常坚持自己是对的，而认为别人是错的，尤其在职场会议中，不同观点的一句话，就很可能导致会议室中的争吵，让开会没法继续

贵公司的产品性能好，品种全，但目前受众年轻化，他们想要一些更新奇的东西。

进行下去。

其实，在职场会议中，当我们与他人意见不合、观点不同时，针锋相对地辩论或争执可能并不会让事情向好的方向发展。毕竟谁都不喜欢做被否定和批评的那个人。过多的否定反而容易激起对话者的叛逆心理，让事情陷入僵局。而想在会议中更快地达成目的，说服对方，欲抑先扬是更有效的谈话方式。

毕竟先表扬对方，捧得他人心花怒放，再委婉否定批评，表达自己的观点，会更容易被人接受。这种先批评后肯定的说话技巧并不鲜见，李商隐在其诗词中就曾有之。

我们都在中学语文课本里学过李商隐的《贾生》一诗，这首诗可谓欲抑先扬的典范。诗词前两句先写"宣室求贤访逐臣，贾生才调更无伦"，看似是在称赞文帝求贤若渴，并赞叹贾生的才能，词句高调，丝毫没有贬低之意。但是这首诗的后两句"可怜夜半虚前席，不问苍生问鬼神"才是重头戏，是李商隐真正的意图所在。点明前文的礼贤下士、虚席垂问实际上并非为寻求天下太平的治国安民之道，而是为了"问鬼神"，求虚无缥缈之事。全诗连起来读，就可见李商隐对文帝荒唐行事的讽刺和否定批评。

由此可见，想否定、批评一个人，如果先从赞美他的话说起，再说否定之言，不但显得否定的视角更加客观和真实，还能用正反打对比，彰显自己的批评否定有理有据。像李商隐这样欲抑先扬的说话方式，在职场会议中也十分适用。

我们讲求"先礼后兵"。说话聊天、会议对局，若想把控全局，让对方心服口服地听取你的否定和批评，并认同你的观点和建议，不妨先夸夸对方，再给出其他建议，先给"甜枣"，再给"巴掌"，对方也不好意思跟你针锋相对。

唐宋在某传媒公司做企划总监，他在公司就是出了名的得人心，受下属爱戴。原因就在于，他从来不会直接否定和批评下属，反而善用先扬后抑的谈话方式，让下属感受到赞同和尊重，再心悦诚服地改正工作中的问题。

唐宋在公司会议中遇到和其他同事意见不同或需要否定他人的情况时，一般会这样说："你刚才提的观点很好，我平时就看你在这方面很有创意，但是我觉得，这次如果能够在你刚才的想法上做以下这些调整，效果会更好。"

简单的一句场面话，先肯定了前一位发言者的观点，借机夸奖对方一番，再提出自己的观点，表示如果能够做些调整会更好。这样先表扬后否定，自然更容易让他人在心理层面接受，也能更好地求同存异，让职场对接和会议交流顺利进行下去。

先表扬后否定，给对方留足面子。

职场交锋遇上观点不同并不麻烦，而否定对方也不一定要直接批评。只要学会欲抑先扬的说话方式，先表示"你的观点不错"，再提出"如果能够这样改或许会更好"，那就能避免很多不必要的会议冲突，同时达到自己的目的。开会不是为了吵架，你要让对方觉得你的出发点是"为了让你好上加好"，那对方还有什么理由跟你杠起来呢？

圆场打得好，人人看得见

开会是职场社交中出镜率最高的场景。一张会议桌上，同事们你方唱罢我登场，各执一词、互不相让的情况经常出现，很容易因为某个问题的探讨而陷入僵局，不但影响工作的正常推进，还会破坏同事之间的感情。

俗话说："冲动是魔鬼。"职场会议上的剑拔弩张，并不是因为人与人之间真有什么不可调和的冲突。很多时候不过是多方立场不同，话赶话说到某个程度，导致情绪冲动，才在一些问题上钻牛角尖，造成双方的对立。实际上，这时候只要能有人出面打圆场，岔开话题、转移注意力，为双方的情绪"降温"，让紧张的谈话平静下来，就能破解僵局。所以，如果你够聪明、会说话，能担当起会议桌上的"调和剂"，不但同事会感谢你，领导也能看到你的灵活变通。

小徐在公司会议上就经常充当这个"调和剂""降温器"的角色。她经常说："大家来上班都是希望把工作做好的，既然目标都一样，那有问题解决问题就好了嘛！"这样通达和气的品行和说话方式，帮她赢得了公司从上到下的好人缘。

某次部门会议上，产品经理和技术部两位同事又因为某个新品的优化问题吵了起来。产品经理说客户对新品不满意，提出了新的修改建议，而技术部同事则表示已经前前后后根据客户的需求修改过很多次了，这次提出的修改需求，技术上实现不了。

双方就各自的立场和需求互不相让，一时间会议室里火药味十足。其他同事纷纷禁言，大气也不敢出。

面对僵持不下、面红耳赤的几位同事，负责策划工作的小徐轻拍两下手说道："大家稍等一下，我有个建议，咱们看这样行不行？产品那边再跟客户沟通一下，跟对方谈谈之前一版的优势，看对方能不能让步；技术部这边分析一下客户修改的目的，看看有没有别的方法可以绕过技术门槛，达到客户的需求。咱们也开会研究这么久了，我看不如先吃午饭，下午再继续？"

小徐的一番话打断了双方的争执，产品经理和技术部两位同事听了小徐的建议，也都缓和下来，同意回去再研究一下解决方案。后来，因为小徐的建议，双方都冷静下来，找到解决对策，终于圆满地解决了这件事。而小徐这次打圆场，也让争执的两位同事对她心存感谢，在后来的工作中给她提供了很多

给他人台阶下，也是给自己攒人缘。

善意的援助。

办公室会议中打圆场，不外乎侧面点拨、制造借口、岔开话题等几种常用的方法。

会议中双方僵持不下时，可以用迂回绕道、旁敲侧击的方式，提醒双方保持冷静，重新将讨论点聚焦到问题本身，而非用过激的情绪来现场互杠。说一些场面话，为双方出谋划策，将针锋相对的观点转为对双方都有利的方向，这时候尴尬的问题就迎刃而解了。而制造借口，则更适用于争吵双方因为面子原因僵持不下的情况。既然双方碍于面子互相不服，那就用适当的语言帮双方找个台阶下。换个角度制造借口，用合情合理的解释帮双方找补面子，别人也自然就不再争吵了。

最后，如果打圆场实在无计可施，不如岔开话题，让人休息冷静。"事已至此，先吃饭吧！"这样的可爱请求，又有谁能忍心拒绝呢？

用幽默打破僵局，让会议进行下去

在职场会议中，因为各自工作立场不同，我们经常会面对他人提出的一些无理要求，或者遇到一些让自己不满的事情。一些人处理这种情况，惯常喜欢用发火指责、冷嘲热讽、推卸责任等方式。

然而，职场是一个需要互相理解、各方平衡的环境，说狠话、发脾气并不能解决问题。没有同事会被你会议上的不满与讥讽吓退，不合时宜地嘲讽

面对别人的嘲讽，直击回去固然应该，但用幽默化解才是上上之策。

反而会败坏自己在职场中的专业形象。所以，遇到会议上的无理要求和不满情绪，我们不妨四两拨千斤，用幽默的场面话打破僵局，从而表达自己的观点。一句幽默的话不仅能让僵持的会议进行下去，也是提醒对方的好方法。

这就是幽默场面话的力量。

一句自我调侃的幽默话语，可能引得在场一片欢笑和掌声，既解决了自己的尴尬，又能让会议顺利地进行下去。

职场中，我们不妨也学学在会议上的幽默感。会议上被人否定、被人"怼"，无须生气，用玩笑的语气把你的想法传达给对方。比如在会议上，当你觉得对方发言拖沓、浪费大家时间时，可以这么说："你说这么多，是看外面下雨了，心疼我们，今天不想让大家出这个会议室了吧？"

总之，高情商的人善于把自己的意见、不满用幽默的话包装起来。用幽默转化矛盾，用玩笑包裹意见，职场会议自然顺顺利利开下去。

有一种高情商，叫"看破不说破"

　　哲学研究中曾有这样一个观点：为自身利益撒谎，那是欺骗；为他人利益撒谎，那是诈骗；为了陷害而撒谎，那是造谣中伤。

　　职场生活中我们经常会遇到这样那样的谎言，比如，原本是自己工作失误拖慢进度，却说客户给资料不及时，才耽误进度了；原本是自己睡懒觉迟到，却说在路上遇到交通事故；原本提出的需求不能达成，却好大喜功爱吹牛，

对于快人快语的人来说，"看破不说破"还真有点儿难！

可不是。

勉强接过任务。很多时候，作为职场老人，我们立刻就能辨别出对方说话的真假，但是我们却不能在公开场合拆穿对方。因为这些谎言或许本身无伤大雅，并不会造成恶劣的后果，但你如果贸然拆穿，不但会让对方下不来台，更容易在职场中留下一个"小人嘴脸"的坏印象，让别人觉得需要时刻提防你。

俗话说："看破不说破。"很多时候面对这种周围人作出的不妥举动，如果你能适时沉默，或者帮对方"兜着点"，不但能够避免伤害别人，也能帮助自己维持良好的人际关系，让别人心里记得你的好。

广告公司工作的小王，对自己的专业能力十分自信，认为没有自己搞不定的案子。某次公司接了一个长期合作大客户的广告项目，客户对广告成品的质量要求很高，而且工作量较大，工期很赶。小王被安排接手这个案子，他日夜赶工，却还是力不从心，上交的方案始终不能让客户满意，严重地延误了进度。但是小王急于证明自己的能力，又不想把这么好的项目让给其他人，于是隐瞒困难，不向别人求助，最后险些导致客户退单，让公司失去这笔大生意。

在部门总结会议上，部门领导语重心长地说："咱们部门是一个团体，讲究的是团结，成败不在于某个人是不是能力超群，而需要咱们整个团队能一起把事情做好。还好这次的项目还有补救的余地，我希望在接下来加班赶进度的过程中，大家要记住这点：一腔孤勇的冒进，并不能获得别人的欣赏。团结合作，把团队的成功当作自己的成功，才能让我们不断超越，做出更好的作品。"

小王听完会议上领导的一席话之后，意识到自己的错误，私下惭愧地向领导和同事们道歉，并把自己项目上遇到的困难说给大家听，最终才在众人的积极配合下完成了这个项目。

领导在会议上的一番话，就是"看破不说破"，既给骨干员工小王留了面子，又提醒了部门员工要团结协作，共同进退才能成功。如果这位领导直接批评小王，拆穿小王好大喜功，导致公司利益受损，不但容易激化矛盾，也会让小王在众人面前下不来台，在以后的工作中难以和大家相处。

对下属说话也要注意不拆台。

由此可见，职场中高情商的人不会随便给别人"拆台"。当你发现同事有某些情况发生时，不要急于站出来揭穿对方。反而，我们可以站在对方的角度，理解对方的困难，不着痕迹地提醒对方。用客套话让对方心里意识到他存在的错误，用有技巧的提示让对方明白适可而止、如何补救。这样不揭穿对方，是职场社交中的礼貌，也是显示你个人修养的机会。而且，能够帮别人圆一些无伤大雅的小谎言，避免拆穿对方所带来的伤害，那么对方也会在心里记得你的好。

职场人际网，山水有相逢，也许下一次，就换成对方给你"递梯子"，帮你兜底了。

随机应变，见缝插针地发言

俗话说："水深则流缓，语迟则人贵。"讲的是水越是深，水流速度就会相对缓慢，即使水面风浪大起，深水处也会保持缓慢的流速。对比我们来说，一个有内涵的人，说话会更加稳重，不会因为情绪或思想的变化而在语言中表现出来，遇到事情也会深思熟虑地说话。

身在职场中，我们也要深谙贵人语迟的道理。不必急于在别人说话时表达自己的意见，反而要做那个在关键节点一语中的、发言有分量的人。尤其在会议发言等重要的场合，说得多不如说得巧。你若能随机应变，见缝插针，自然能够获得他人的欣赏与好感。

一次会议上，几位领导因为一些新产品的市场推广可行性，争执得不可开交。大家各执一词，各有观点，东拉西扯，谁也不服谁。一位领导从市场上同类产品空白角度做了很多分析，希望说服其他几位。这时候，某位一直没怎么发言的领导认为现在的讨论方向已经跑题了，大家争论的重点变成了到底应该听谁的意见。于是等前者陈述完，他忽然接道："你刚才的分析很有道理，可新品市场空白虽然是机会，但其中存在的市场风险也不容忽视。所以，我们为什么不换个思路，把刚才的几条建议融合一下，选择一个风险更低的折中方案呢？"

被这位领导插话提醒，其他几位领导冷静思考，发现现在开会的目的是治谈出一个利益最大化的方案，而不是东风压倒西风的辩论，没必要如此激动。于是，纷纷赞同这位提意见的领导提出的建议，转换思路来推进会议，探讨了更折中的策略。

职场纵横捭阖，我们并非要当那个占据绝对领导力和话语权的人，才能收获别人的肯定与青睐。如果我们能够像上面例子里这位领导一样，把话说到关键处，找准时机打断别人的话，收拾乱局，解决问题，做场面中做始终保持清醒的人，那即使少言寡语，也能收获他人的感谢与好感。

风的方向是由树决定，人的方向是由自己决定。要做一个清醒理智的人啊。

职场交流中，每个人都希望表达出自己的意愿，表明自己的观点，但是我们一定要学会判断时机、找准场合，明白什么时候适合打断别人的话，什么时候适合发表自己的意见，什么时候适合接下话做总结或者打圆场。

比如，在同事津津有味发表自己意见的时候，我们就要做好看客和倾听者，切不可在别人说到兴头时去打断别人的话，这样猝不及防地打断别人说话，既是对他人的不尊重，也会让人产生厌恶情绪。

如果别人已经长篇大论很久，谈话气氛冷淡下来，在场的其他人也隐约有厌倦感觉时，这就是你见缝插针表达观点的好时机。可以用一句"嗯，我觉得你说得挺好，但请允许我补充一点"，然后自然地插入自己的意见。这样既不会让说话被打断者觉得突兀，也可以利用你的发言调节场面气氛，重新聚焦其他人的注意力，获得领导和同事的关注。

　　另外，如果在职场会议或交谈中，遇到需要立刻插话表示观点的时候，也不必紧张，我们可以先给对方打个招呼，表示"对不起，但还是想打断一下，这里我认为……"然后尽量言简意赅地表达自己的意图，再把问题转回对方。这些都是让你的发言有分量、不拖沓、赢得他人好感的有效办法。

　　总之，职场说话讲时机。见缝插针发言需要注意随机应变，既照顾别人感受，又能言简意赅总结陈述，才能让你的发言有分量。